超前的天才，
指的是超前于时代，
过早地发挥出自己才能的
厉害的人。

我是时代。

我用这双眼睛，

见证了历史上发生过的各种事情。

历史上，有和我的脚步刚好一致的人，

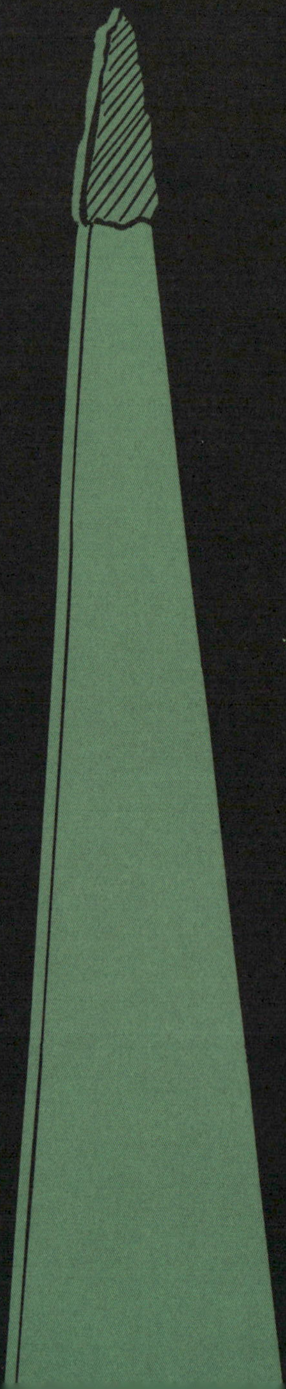

大多数人不叫我"时代"。
那他们如何称呼我呢?
"常识"。

但是,我自己是知道的。
如果时间和场所不同,
我也会呈现出迥然不同的面貌。

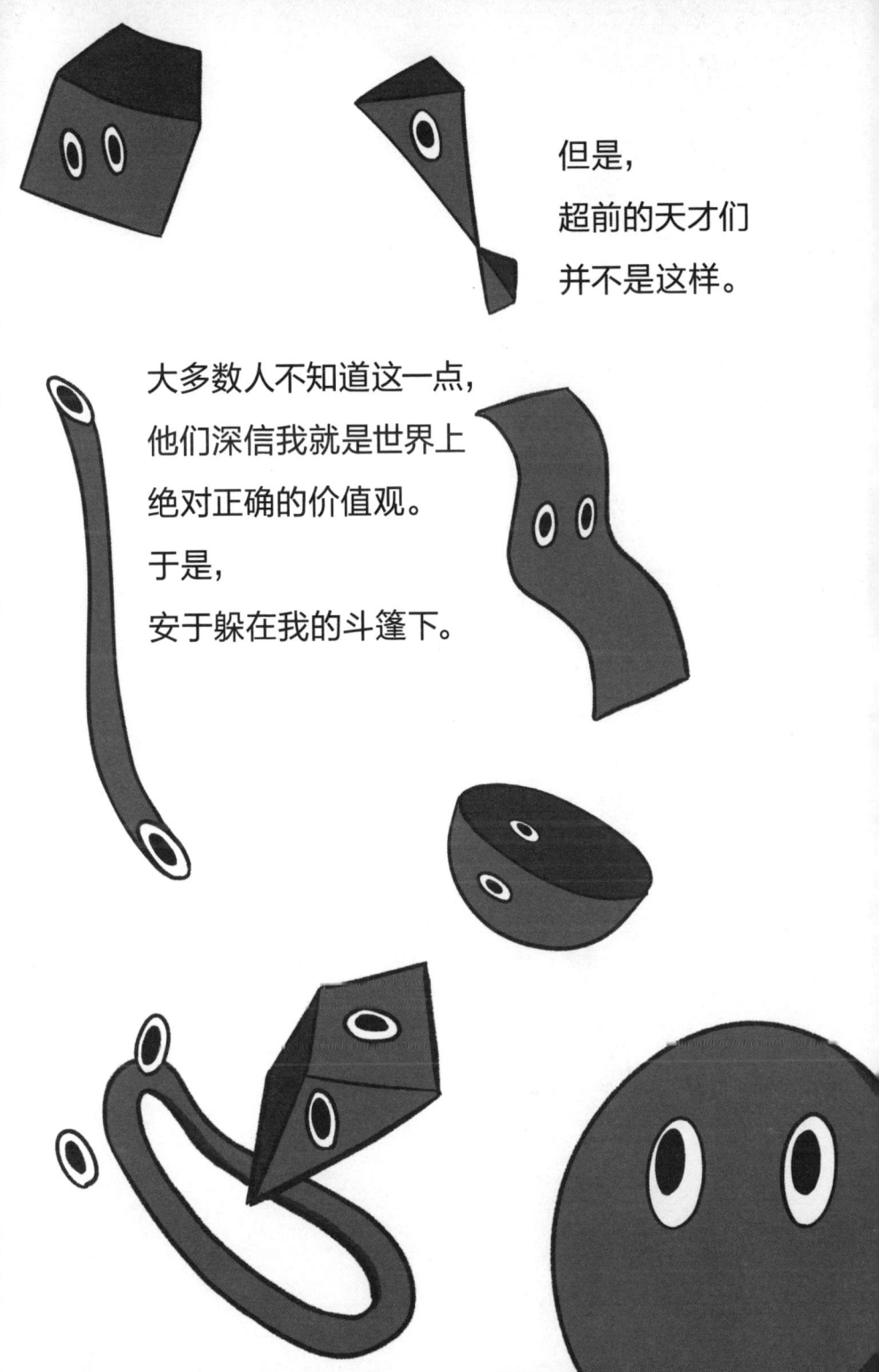

虽然他们
比我更超前，

但"超前"和"落后"
都会被认为是"异类"。
因此，他们的人生
总是充满苦难和绝望。

然而，这些超前的天才们，
都是怀着不灭的热情，
努力与命运抗争的人。

我因为画了《蒙娜丽莎》和《最后的晚餐》而成为有名的画家。最近,我又因为"超前的天才"而再次变得有名。

要说超前的原因,就是我设计了很多新发明吧。

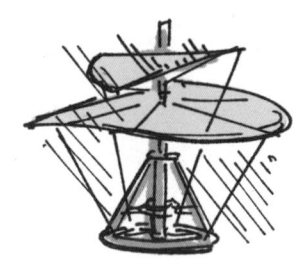
直升机

除了这些,还有很多很多呢。

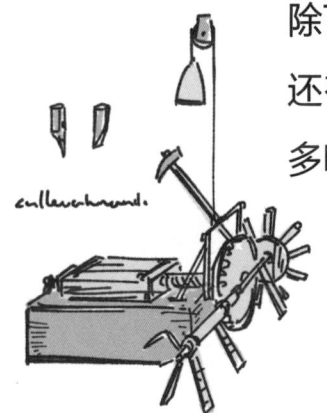
锉刀机

旋转浮桥

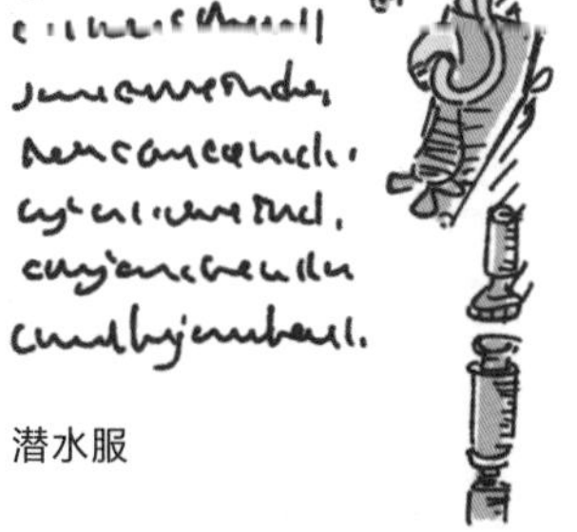

潜水服

但是，这些发明中，有一些是无法实现的。
因为在我那个时代，没有电，也没有发动机啊！
没有足够的力来驱动，
大型机械根本无法动起来。

另外，如果潜水服被用于战争的话，就糟糕了。
所以我只是将它们发明了出来，
并没有教别人详细的制作方法。

此外，我还有很多记录在笔记本中，
从未给任何人看的发明。
在我死后，看到这些笔记的人都吓了一跳：
"啊？在那么久以前，
就有人想出这样的东西了吗？"
我真是个超前的天才呀！

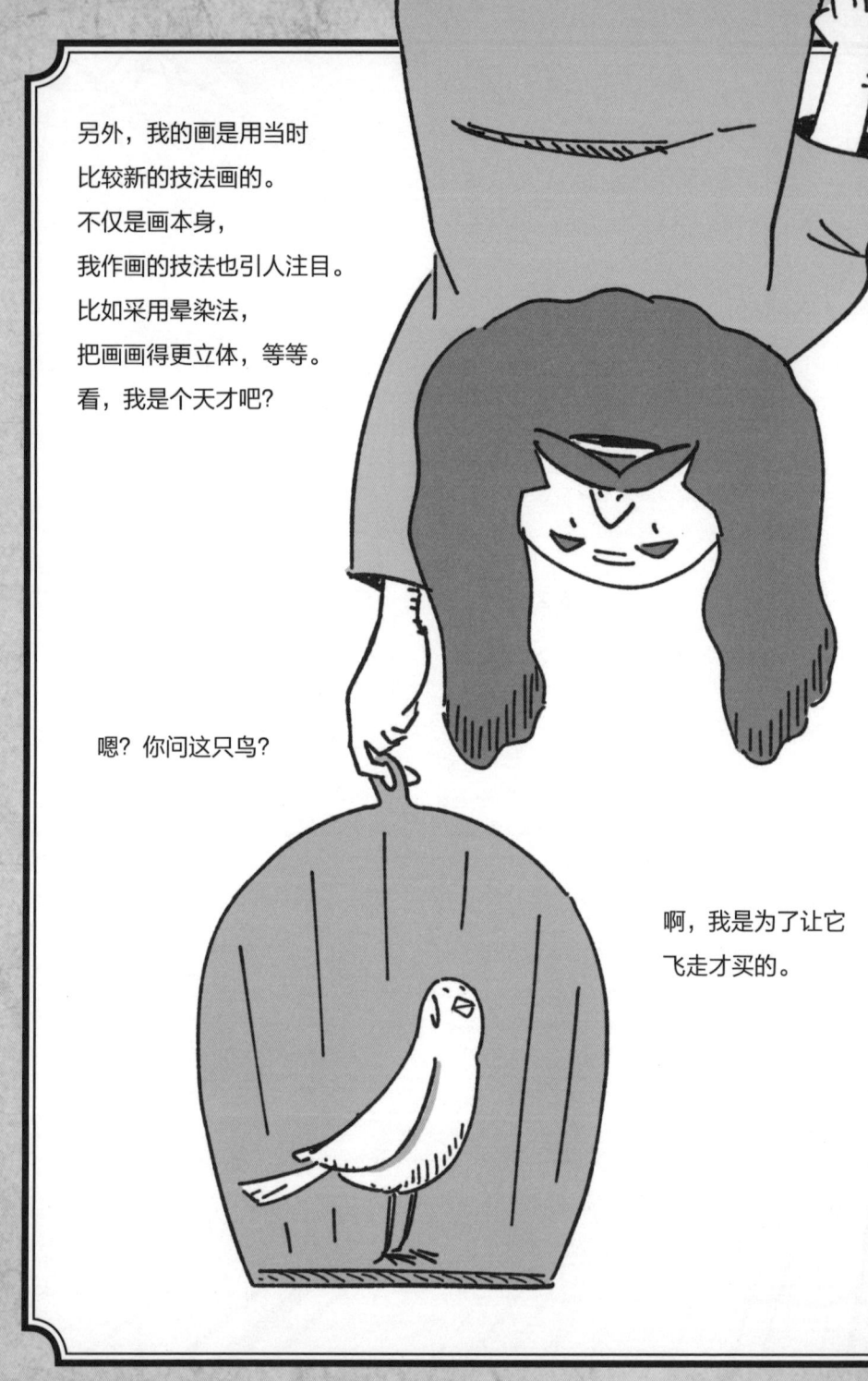

在这本书中,
你会看到很多像我这样,
超前于时代的天才。

他们都用"非常识"
改写了当时的"常识",
是一群颠覆了"常识"的人。

这些天才中,有的并不为人所知,
有的虽比较出名,但也有一些逸事。
书中介绍的人物各种各样,
但他们的人生都非常艰辛。

我被我的国家认可,
也拥有很多志趣相投的朋友,
因此才能在书的开篇登场。
哈哈哈!

要是认真介绍的话,
会有很多有些压抑的故事。
所以在这本书中,
会安排不同的角色
来介绍这些天才。

嗯,就是这个意思啦!

便利化超前	路易斯·布莱叶
理财意识超前	织田信长 《天才战记》
收集数据超前	《天才战记=》
审美超前	《天才战记外传》
离世超前	格雷戈尔·孟德尔
绝望超前	文森特·凡·高
做了很多超前的事情	弗兰兹·卡夫卡 《普通的普通人！》
	知里幸惠
	平贺源内
	未来的天才 你

女中学生平贺源内

北海道的大地

电视节目编导

六点点字君

164　154　144　134　128　118　108　106　104　94　84

格里高尔·萨姆沙

不愿吐露姓名的富商

金钱之神

各种各样的领跑者

- 不走寻常路超前　　南方熊楠
- 独树一帜超前　　　法布尔
- 用科学证明超前　　伽利略·伽利雷
- 发现超前　　　　　玛丽·安宁
- 搞笑创作超前　　　茑屋重三郎　《天才战记—》
- 现在依然很超前　　拉马努金

穿越到现代的本人

灭神之剑

呕吐妖精

74　70　62　52　42　38　28　18

娜玛卡尔女神

鱼龙化石

屎壳郎女士

嗯?你说看不太懂这本书?

嗯。我也这么想。

不过,有一些这样让人看不太懂的书,

不也是挺好的事吗?

如果全都是严肃的知识,

那这个世界就太死板了。

死板的地方,

可是无法培育出天才的哟。

就是这样,没错。

轻松愉快地开始阅读吧!

我是时代。就是在前几页出现过的那个时代。接下来,我会一点点传递天才们的信息,请多关照。

达·芬奇曾这样说过:"真正洞悉万物的人不会大声喧哗。"虽然是有点儿令人不快的话,但在这个人人都有机会发声的世界,我希望这句话可以让更多人知道。然而,如果去探寻说这句话的达·芬奇本人的内心,就会发现他也曾因不被人理解而苦恼。无论在哪个时代,天才都要与"不被理解"这件事战斗啊!

【日】大野正人 / 著
赵 天 / 译

所谓天才，就是颠覆常识的人！

天才之书

天地出版社 | TIANDI PRESS

天才之书

不走寻常路超前

【人物】南方熊楠（1867—1941年）
【出生地】日本
【他是做什么的？】学者

常识 学者一定要礼仪端正。

非常识 活着就要做自己喜欢的事。

做呕吐物也挺好的。

大家好！我是呕吐·哗啦。我长着一对翅膀，一看就知道我是个妖精。各位不用客气，叫我"哗啦"就可以。

嗯？你问为什么我的身体和脸都打了马赛克？倒也没什么，我是很愿意给你们看看我真正的样子。不过，我是从呕吐物里生出来的，有点儿恶心，所以还是不给你们看了。

不走寻常路超前

嗯，你没看错，我就是从呕吐物里生出来的。你问我为什么是从呕吐物里诞生的？

哈哈，日本还有从便便中诞生的神呢，所以从呕吐物里诞生妖精，也没什么好奇怪的吧。

好了好了，不要说我的事情了。我是因为有个无论如何都想介绍给你们的人，所以才来这里的。

就是这个男人，喜欢呕吐物、也被呕吐物喜欢的男人——南方熊楠！

熊楠小时候经常和别人打架，但是他一次都没输过。你肯定认为他是个力气很大、懂得格斗技巧的人吧？完全错误。其实，熊楠打架不败的原因，就是呕吐。

熊楠的体质很特别，他有"反刍胃"，随时都可以把吃下去的食物从胃里返回来，也就是说，他可以随时呕吐。

和别人打架时，他会用必杀技——呕吐攻击来对付对方。很厉害吧？

虽然人们常说"人不可能十全十美"，但这个男人不仅拥有特别的反刍胃，还有"瞬间记忆能力"，可以一下子就把看到的东西牢牢记住。像这样被上天赐予两种特殊能力的人会度过怎样的人生呢？请听我慢慢道来吧。

熊楠非常喜欢读书。但是，熊楠小的时候，日本刚刚进入明治时代，还没有图书馆。所以他就去有很多书的朋友家读书。他用自己的瞬间记忆能力记下书的内容，回到家再把它们写下来。真是很方便啊！不过比起能随时呕吐来，瞬间记忆能力倒也不值一提。

考入东大

如果能牢记看过的内容的话，学校的考试可就太简单了。所以，熊楠的学习成绩很好，还考上了东京大学。

虽然他是经常打架的淘气包，但他的学习成绩却很好。这给人的印象很复杂吧？但这也没什么可奇怪的。

对熊楠来说，这些都是游戏。无论是打架还是学习，都是游戏。有的人总觉得"学习太难"，这个想法可是非常不对的。

如果知道了自己之前不知道的事情，你肯定会非常开心吧。人类就是这样充满好奇心的生物啊。但是，为什么有的人去了学校后，反而会讨厌学习呢？讨厌学习可不好。我们并不是因为学习重要而去学，而是因为学习本身是一件令人开心的事情才学的啊。

熊楠就非常了解这一点。虽然他是"学者"，但其实对他来说，做学问就是一种游戏。所以，他应该是"玩游戏的人"才对。

不走寻常路超前

东大辍学

不过也正因如此，他只在东京大学读了两年就离开了。就像玩游戏停不下来一样，因为学习是一件开心的事，所以熊楠想知道的东西变得越来越多。结果就是，他不去上学，而是一个劲儿地在图书馆读书。然而，考试考的都是课堂上教的东西，没听课的熊楠自然不知道答案，结果他因为挂科被学校劝退了。

赴美留学

后来，熊楠离开日本，去了美国的大学读书。在那个时代，日本几乎没有人出国，他很厉害吧。不过，出国的话，语言是个大问题。熊楠先是读"对照书"（左页是外语，右页是母语的书），然后再去和当地人聊天。这样不断地重复读、说的过程，慢慢地就掌握一门语言了。据说，熊楠用这样的方法掌握了18国语言，真是太厉害了！

被美国的大学开除

不过，就算去了美国的大学，熊楠还是那个熊楠啊。他不去上课，一直躲在图书馆读书，有时还去旅行、采集标本。而且，他还经常酒后闹事。因此，他又被大学开除了。不远万里赴美留学，结果被开除了，真是干得"漂亮"啊。

在那之后，熊楠开始了自由的研究生活。他整理好自己的研究成果，投稿给了科学杂志。这些杂志刊登了他的论文，这样他成了在科学领域小有名气的人。

英国呕吐巡礼

后来，当时被誉为世界第一大博物馆的大英博物馆向熊楠发出了邀请。这次，他要出发去英国了。

虽然他是受邀去大英博物馆工作，但英国有很多人都歧视日本人。当时的日本比起英国来，落后太多了，日本人被歧视也是没办法的事。遇到这种情况，大多数人都会选择忍耐，但熊楠就是熊楠，他用必杀技——呕吐攻击给了英国人漂亮的回击！也有人说他是用头撞击了对方。但不管怎么说，他给那些人上了一课。然而，这也导致他不得不从大英博物馆辞职。

自那之后，他一边拜访不同的国家，一边撰写论文。在33岁时，他回到了日本。之后他一直在和歌山进行研究，直到74岁去世。简单说来，他的一生就是这样。

虽然他是个很厉害的天才，但他的性格确实太古怪了。

熊楠的论文曾刊登在世界著名的科学杂志《自然》上，而且刊登次数竟达51次。这是《自然》杂志同一作者刊载论文数的世界纪录，至今无人打破。

不走寻常路超前

他研究了什么？

那么，熊楠到底做了哪些研究呢？这个问题解释起来有点儿复杂。

首先，最有名的是关于黏菌的研究。黏菌是一种介于动物与植物之间的生物。他采集了数千种黏菌。用显微镜来观察的话，会发现它们非常梦幻、非常美丽。

熊楠的研究还涉及生物学、植物学、民俗学等，其中也有一些很奇怪的研究。比如，被哪种蚂蚁咬过后，睾丸会肿起来之类的。这都是什么研究啊！他还采访过别人，问人家"家里有没有出现幽灵"之类的问题。这些可真是符合熊楠性格的研究啊。你现在明白他是怎么"玩"学问的了吧。

不走寻常路超前

通常来说,我们说到当学者,肯定会觉得要先读大学,再读研究生,然后拿到博士学位,再去大学或研究所工作。这就是我们常说的"正路"或"寻常路"。就像想做歌手,要先去参加海选,想去好公司,要先读好大学等,都是这个道理。但这都只是"寻常"的道路。

熊楠却是个特例。他中途辍学,没有拿到博士学位,后来还去了和歌山这个偏远的地方。但是,他热衷于自己喜欢的学问,成了有名的学者。

可以说,熊楠开辟了自己的道路,通过走"小道",或者说是"不寻常的路",成了学者。

但是,说老实话,在熊楠的时代,这样的生存方式太超前了。因为他一心做研究,不去工作,所以没有什么钱,吃了不少苦头。你说去大学或研究所工作不就行了?不行啊。大学或研究所的人走的都是"正路",是无法接受熊楠这样的人的。而且,当时他在日本并不出名,只会被当作怪人。

 熊楠推行的环保活动也非常有名。环保从根本上来说属于生态学,就是研究自然与生物、生物与生物之间关系的学科。为了不让人们破坏生态,熊楠创造了"环保"一词,他是环保活动的先驱。

熊楠并不是谦恭有礼的人。他虽然是个天才,但从小脾气暴躁,经常与人打架,偶尔还会去山里逛,两三天都不回家。真是个不着调的人啊!就算长大了他的脾气也没有改变,他甚至还因为打架,进过监狱。

这样的人走入社会,一定会生活得很艰难吧?但大自然却接纳了这样的熊楠。熊楠也热爱着大自然,比任何人都努力地研究大自然。他被称为"活着的百科全书",这一定是因为他知道很多很多的事情吧。

但是,我觉得熊楠的生活方式比任何人都率真。他说过,离开日本,"不是为了地位和名誉,而是为了更自由地进行研究"。

我知道大家长大成人后,也会去工作。率真地生活,会是一件很难的事情。

但是,如果想要很好地发挥自己的才能的话,率真地面对自己的内心是非常重要的。

很矛盾吧?如果不率真地生活,就不能很好地发挥自己的才能,但率真地生活,就会遇到很多困难。实际上,很多大人也正为这件事而苦恼。未来你也很有可能会为这件事而苦恼。

感到苦恼的时候，就想想熊楠的故事吧。

寻常的道路，因为走的人多，所以常常会非常拥挤。如果那让你觉得疲惫，不妨像熊楠一样，去试试走所谓的不寻常的道路吧。

走不寻常的道路肯定会更加艰难，因为责任都需要自己来承担。但是，这条路会让大多数人的心情得以放松。

大家都走的路，也可以不去走的。而且，现在时代已经改变，坚持自我的人也能得到大家的认可，信息也会以极快的速度散播到全世界。如果现在有人能创造出熊楠那样的成果，那他一定不会被忽视。我真想告诉世界上的每一个人，熊楠有多厉害。

所以，如果因为和人打交道而感到疲惫，那么不妨想一想熊楠的生活方式吧。

熊楠的人际关系也很有趣。他与革命先行者孙中山先生以及创立了日本民俗学的柳田国男是非常要好的朋友。在日本寂寂无名的学者熊楠，和很多超有名的人的关系都很好呢。

天才之书

独树一帜超前

【人物】法布尔（1823—1915年）
【出生地】法国
【他是做什么的？】昆虫学家

人物 法布尔

常识 专家一定要写严肃的东西。

非常识 搞笑一点儿怎么了？

哎呀，这位太太，您要去哪边？

哎呀，这位太太，我要去那边。您也去吗？

骨碌碌……

独树一帜超前

"哎呀,这位太太,您马上要生宝宝了吗?"

"是啊。所以,为了宝宝能健康成长,我要好好做一个粪球出来呢。对了,你听到传言了吗?"

"您是说关于变态人类的传言吗?"

"对,就是那个变态人类。好像名字叫'法布尔'。他总是盯着我们的粪球笑,可真吓人啊。"

"天哪……那可真是太令人头疼了。"

"是啊,好吓人。"

"他为什么要这么做呢?"

"我也不知道。可能是变态的爱好吧。"

"嗯……真是令人费解啊。"

"哎呀,这位太太,您好奇心太强了。不过,还是不要和那个变态扯上关系的好。"

"是啊,我只是在想,他不会毫无目的地破坏我们的粪球吧。"

"你……难道说……"

"对!我要去调查调查这个法布尔!"

"哎呀,还是别了吧!"

"不,我一定要试试!"

"嗯……看来我也拦不住您。那好吧,好好调查一下吧!"

"好!"

就这样,我开始了对法布尔的观察,并写了日记。

○月×日

这里是法布尔的家,我悄悄地潜伏了进来。法布尔已经养了好几只屎壳郎,要是我也潜入养殖箱的话,一定可以好好地观察他,而且神不知鬼不觉。

好了!成功了!

不过这里的生活也太舒适了,身边有很多粪便呢。

晚上,我溜出养殖箱,悄悄地看了法布尔的笔记。他在笔记中写道:

"为了给我的屎虫子买早餐,我花了1个银币(约人民币14元),之前从来没想过,屎虫子的餐费竟然这么贵。"

嗯?也就是说,法布尔竟然为了我们屎壳郎,去买粪便?

咦?难道说,他是个好人?

独树一帜超前

今天发生了一些糟糕的事情。我去问了其他虫子法布尔以前的事。法布尔从小学习成绩就很好,后来还做了学校的老师。但是他并不想一直做老师,所以他开展了各种各样的研究,想要获得奖项。渐渐地,法布尔有了一些名气,有很多人支持他,但是也有不少人对他充满了敌意……

前不久发生了这样的事:

他向年轻的女生教授植物传宗接代的方式时,讲了类似于"雄蕊和雌蕊通过接触来授粉"的话。然后他便收到了投诉,被斥责说"给年轻人教什么污秽的东西"。

法布尔的房东听说了这件事,也很生气,要把他赶出去。真是太过分了,究竟哪里污秽了呢!就因为这件事,法布尔今天不得不搬家了。当然,我也会一起。

好久没有写日记了。在那之后,法布尔搬了很多次家。这个从他56岁左右开始住的带大庭院的房子,对他来说应该是最好的。嗯,能来这里住真是太幸运了。法布尔在路上一遇到虫子,就会很专注地一直盯着看,所以被人称作"奇怪的大叔"。但是,在院子里观察虫子的话,就不会被看作怪人了。

另外,因为常年观察法布尔,我现在也非常了解他的厉害之处了。他是个实验天才!

法布尔对昆虫的生活方式,也就是"生态",非常感兴趣。但是,在那个时候,对生态感兴趣的人还非常少。法布尔总是通过进行各种各样的实验,来弄清楚昆虫的生态。

比如,当他知道"蜜蜂从任何地方都能飞回自己的巢"后,他会想:"晕头转向的蜜蜂也能飞回去吗?"然后,他会把蜜蜂放在小木盒里,抡起胳膊把蜜蜂甩晕来进行实验。虽然这种做法很过分……

另外,他还做过把虫子的尸体放在地上,看有哪些虫子会过来吃,以及观察尸体是如何分解、最终归于大地之类的研究。

独树一帜超前

　　法布尔真的很厉害。他在发现昆虫的不可思议之处方面，有着天才般的禀赋。而且，发现昆虫的不可思议之处后，他还总是能找到解释它们的方法。正因为有这两种天才般的能力，他一直持续着不太热门的生态研究。

　　那么，他为什么能找到这些不可思议之处呢？是因为爱，对我们这些昆虫的爱。

　　他非常非常在意我们这些昆虫，在意我们吃什么、做什么。正是因为有爱，所以才会想去了解更多。因为他是那样爱我们，所以我们改变了对他的看法，并不觉得他有什么不好。

　　法布尔写了很多教科书和研究文献。在他56岁的时候，他终于将对我们的爱集结成了一部《昆虫记》。这本书真的很厉害！

　　这本书不仅介绍了昆虫的生态，还介绍了实验的情况和他所做的努力。他有时会在书里用"拟人化"的方式介绍我们，有时还会感谢自己使用的桌子："胡桃小木桌啊，你已经陪伴我50年了。"总之，这是一本很有趣的书。当然，他也写到了我们这些屎壳郎。这虽然有点儿令人害羞，但实在很让人高兴啊。

　　若是要给这部《昆虫记》一个评价的话，那就是杰作！但是……

θ 月 △ 日

没想到，《昆虫记》受到了昆虫研究者的一致批评！

"语言太简单了，一点儿也不严肃。"

"把虫子比喻成人类，完全不像论文。"

"这是什么啊？不就是童话故事嘛！"

唉……不论什么时代，都有不懂幽默的人啊！

但是，法布尔是这样回应的："各位是在探究昆虫的死，而我是在探究昆虫的生。"

当时的昆虫学者，几乎都是通过观察昆虫的尸体来做研究的。所以，他们不懂法布尔超前的做法。

看，只认为自己的做法是"正确"的人，会习惯性地认为其他人的做法是"错误"的。

另外，想要把新事物的魅力传达给其他人的话，用简单有趣的方式会更有效吧？用这种方式让更多的人对昆虫的生态感兴趣的话，昆虫研究者的规模也会一下子扩大很多。那些人完全不明白这一点，真可怜。

人物 法布尔

哎呀，终于到我出场了。法布尔在《昆虫记》中，对达尔文的进化论提出了反对意见。这也是《昆虫记》不被认可的重要原因之一。

不过，达尔文和法布尔是生活在同一时代的人，他们之间也有过交流。达尔文称赞法布尔是"有着优秀的观察之眼的人"。

算了，还是那句老话，喜欢挑刺的人通常都是没什么真才实学的人。关于达尔文的进化论，你们自己去查查吧。

1915年10月11日

就算是这样,法布尔依然用近30年时间,写出了10册《昆虫记》。但不出所料,当时这套书还是没有获得大家的认可。不过,渐渐地也出现了支持法布尔的人。

有一些人认为:"要是再这样下去的话,法布尔这个名字就会消失。那样就太令人遗憾了。"所以,他们于1910年4月3日召开了表彰会,表彰法布尔做出的贡献。

真是太令人感动了。虽然当时法布尔的样子看起来还是很严肃,但当人们读出他在当时已做出的实绩时,他的表情有些松弛了。咦,他是哭了吗?我们这些昆虫当时可是哭得一塌糊涂呢。

今天,法布尔启程去天国了。

但我们并不觉得悲伤。

因为法布尔留下了这样的话:

"如果有来世,我还要继续研究昆虫。"

我们相信,如果有来世,他一定会继续做昆虫研究。

20××年♡月☺日

很久没有写日记了,大概有100年了吧。

因法布尔的贡献而发展壮大的昆虫生态研究,在如今已经是"常识"了吧?如果这样去思考的话,会

独树一帜超前

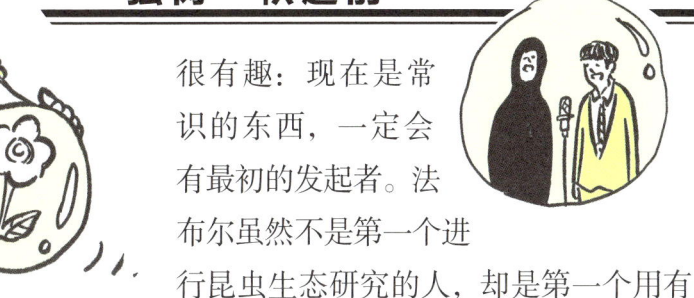

很有趣：现在是常识的东西，一定会有最初的发起者。法布尔虽然不是第一个进行昆虫生态研究的人，却是第一个用有趣的方式向大众介绍昆虫生态的人。

啊，对了，《昆虫记》现在已经为全世界所熟知了。

有很多人都非常推崇法布尔。对喜欢昆虫的小朋友来说，易读、有趣的《昆虫记》正好契合他们的兴趣。我也很推荐法布尔的学生勒格罗撰写的《法布尔传》哟，书中记录了在《昆虫记》中看不到的法布尔令人意外的一面。

两本书的共同之处，就是法布尔对昆虫的热爱。

好啦，关于法布尔的观察日记，我已经写了很久，就在今天结束吧。我明白了他不仅不是变态，而且是一个非常棒的人。果然，不能听信谣言来评判一个人啊。

如果大家想要把自己热爱的事物分享给别人的话，那么我希望大家读一读法布尔的《昆虫记》。因为在书中，可以学到很多如何把爱有趣地描述出来并分享给别人的方法。

天才涂鸦

步骤 1

禁止使用黑色和白色！

读到这里,先休息一会儿吧。让我们来玩玩涂鸦游戏。

步骤2

不要使用大自然中能看到的颜色!

〈例〉
软软的宇宙

步骤 3

加上一些涂鸦,让它变成从未见过的布丁吧!

〈例〉 把车还给森林

步骤 4

画上背景，寻找车的创新使用方法吧！

天才之书

用科学证明超前

【人物】伽利略·伽利雷（1564—1642年）
【出生地】意大利　【他是做什么的？】科学家

常识 神的指示不可能有误。

非常识 比起神谕，要更相信科学。

"神是这样说的！"

如果现在听到有人大声说这种话，你一定会觉得他是个"怪人"吧。

但是，曾有一段时间，这样说并不奇怪，而是常识。这个故事发生在16世纪的意大利，在那时，比起科学意大利人更相信神。

当时出现了一个男人。他就是伽利略·伽利雷，后来被称为"现代科学之父"。

那个时代也有科学，但仅有出生于公元前384年的亚里士多德提出的科学理论而已。

也就是说，在伽利略出生前的1800多年里，科学是完全停滞不前的。伽利略从年轻时开始做研究，发现了多个科学定律，如"摆的等时性""自由落体定律""惯性定律""抛体运动规律"等。可以说，他再次打开了紧闭的科学之门。那么，让我们来了解一下伽利略的人生吧。

用科学证明超前

第一章　那个男人，伽利略

人们对伟人的盲目崇拜，有时会成为"诅咒"。亚里士多德太过伟大，他开创了各种各样的学问，被誉为"万学之祖"。但这也导致后人坚信"亚里士多德绝不会错"。

但是，伟人也是会出错的，尤其在科学方面。随着技术，也就是科技的进步，人们可以看到之前无法看到的世界的真相。伽利略的实验距亚里士多德的时代已经过去了1800多年，他的实验证明了亚里士多德也会出错。

就这样，伽利略解开了亚里士多德的"诅咒"。

加利略・伽利雷的故事——打破信仰

哎呀——
这是最新的科学！

时代的话　说到伽利略，其实我也有不太明白的地方。比如，"从比萨斜塔上扔下两个质量不同的物体"这个有名的实验，在我的记忆里是没有的啊。

43

第二章　在夜空中奔跑

解除了亚里士多德"诅咒"的伽利略有一样喜欢的东西，那就是夜空中的星星。

在空中闪耀的星星，仿佛在告诉人们，黑暗的星空并不可怕。伽利略也说：

"我深爱着星星，所以我不惧怕黑暗。"

热爱星星的伽利略终于发明出了那个时代看得最远的望远镜。因为能看见，所以他明白了："地球是绕着太阳转的！"

如今，我们一定会想：这不是常识吗？但是，在伽利略生活的时代，人们认为地球是宇宙的中心，星星都围着地球转的"地心说"，才是常识。

当然，一直都有人反对"地心说"。比如哥白尼和开普勒，他们提出了"日心说"，认为地球是围着太阳转的。但是，他们没有找到证据。

虽然伽利略也没有找到证明"日心说"的确凿证据，但通过用他引以为傲的发明——天文望远镜——观测太阳和其他行星的轨迹，以及各种各样星星的轨迹，他确定，"日心说"才是正确的。

然而，随着伽利略越来越相信"日心说"，新的敌人也开始接近了。

用科学证明超前

第三章　灭神之剑

出现在伽利略面前的强大的敌人，就是"神"。在伽利略生活的意大利比萨，信仰并传播神谕的"神职人员"有非常大的权力。神职人员最相信的，是集结了基督教教义的《圣经》。

"从日出之地到日落之处，都当赞美神。"

"一代过去，一代又来，大地却永远长存。"

这些都是收录在《圣经》中的语句。当时的神职人员认为，"日出"和"日落"表示太阳在动，而大地永远长存，自然是不动的，因此地球也是不动的。也就是说，他们认为《圣经》中记载了"地心说"理论。

我们现在也会说"太阳从东方升起，从西方落下"。这只是一种语言表达方式，并不能证明《圣经》支持"地心说"。伽利略也曾在给友人卡斯特利的信中写道："就算我支持'日心说'，也与《圣经》并不矛盾。"

但是，对于固执己见的神职人员来说，《圣经》中的内容才是世界的真相。哪怕有人对《圣经》提出一点点质疑，那也证明他不信仰神。在他们看来，伽利略做的事情，无异于传播异端邪说。

就这样，"神"成了伽利略的敌人。当然，这并不是指真正的神，而是从神职人员的思想中诞生的神。神职人员已被他们脑海中的神牢牢禁锢住了。

现代科学 萨尔维亚蒂

老顽固 辛普利

曾成功驱散亚里士多德"诅咒"的伽利略，再次迎难而上。为了改变更多人的想法，打败神职人员脑海中的神，他撰写了一本书，书名叫《关于托勒密和哥白尼两大世界体系的对话》。

这是一本科普书，内容以三个人的对话形式展开。

相信传统"地心说"的人、相信现代科学的人，还有介于二者之间，但正在渐渐理解现代科学的人——故事内容通过这三个人的对话不断推进。

这本书的出彩之处，在于通过登场的中立人物来取得读者的共鸣。读者会和中立人物一样，对"地心说"这一常识渐渐产生疑问，最终发觉"日心说"才是正确的理论。

这本书是消灭神职人员脑海中的神的一把利剑。那么，这把剑成功了吗？

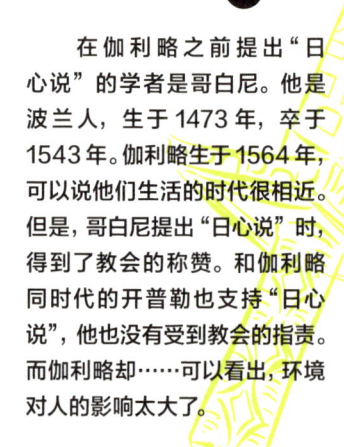

人物 伽利略·伽利雷

刷刷刷——

时代的话

在伽利略之前提出"日心说"的学者是哥白尼。他是波兰人，生于1473年，卒于1543年。伽利略生于1564年，可以说他们生活的时代很相近。但是，哥白尼提出"日心说"时，得到了教会的称赞。和伽利略同时代的开普勒也支持"日心说"，他也没有受到教会的指责。而伽利略却……可以看出，环境对人的影响太大了。

中立 沙格雷多

46

第四章　勇者坠落

《关于托勒密和哥白尼两大世界体系的对话》引起了很大轰动,有很多人读了这本书。而且,读过这本书的人都开始支持"日心说"。

没错,这本书成了"灭神之剑"。有了这本书后,新的科学应该受到世人关注了吧?然而,事实却并非如此。《关于托勒密和哥白尼两大世界体系的对话》虽然改变了之前相信"地心说"的大众的想法,却无法撼动神职人员脑海中的神。他们坚信《圣经》中的一切都是真实的。太阳从东边升起,从西边落下,那么实际的太阳也一定是这样运行的,这就是他们眼中的"真实"。

这样的做法,乍一看似乎是相信神,信仰非常坚定,但实际上并不是这样。一味相信书中的文字,正说明自己毫无思考。

所谓文章,是一种不完美的东西。人是无法把所想的东西百分之百写出来的,我们需要通过文章的氛围去理解文字没有表达出的内容,这就是"阅读理解"。如果没有阅读理解能力,就无法通过文字去探究其内容的本质。

《圣经》传承了几千年,打动了无数人的心。那么,就更需要去探究。想要深入探究,就必须自己思考。

这么看来,比起那些一味相信书中文字的神职人员,认为"日心说"与《圣经》并不矛盾的伽利略,才是更理解《圣经》本质的人。

但是，顽固的神职人员根本无法理解伽利略的想法。是的，从不思考的人，无论和他说什么，他都无法理解。

伽利略是反抗神的人，是散布"恶魔"思想的人——他被打上了异端的烙印，即将面临审判……

自己无法理解别人的想法，就否定对方，断定对方是邪恶的，不仅当时的人会有这种恶习，直到现在，人们也多是如此。可以说，这是人类的劣根性吧。

伽利略即将等来他的审判结果。但这是一场没有悬念的审判，因为裁决者正是神职人员。对伽利略来说，这是一场不可能赢的战争，因为规则掌握在对方手中。

就这样，伽利略落败了。他不得不屈辱地承诺"今后不再主张'日心说'，也不再出版任何相关作品"。

曾作为"灭神之剑"而创作的《关于托勒密和哥白尼两大世界体系的对话》，却灭掉了伽利略自己。

他虽然科学地证明了真实的宇宙，却无法获得承认。

在那个时代、那个地方，科学还是过于超前了。

人物　伽利略·伽利雷

时代的话

据说，伽利略之所以遭受审判，很大一部分原因是他与当时非常有威望的美第奇家族关系密切，而美第奇家族和教会关系很差。后来，基督教的教皇对这次审判道了歉，但那已经是伽利略死后350年，也就是1992年的事情了。太迟了……

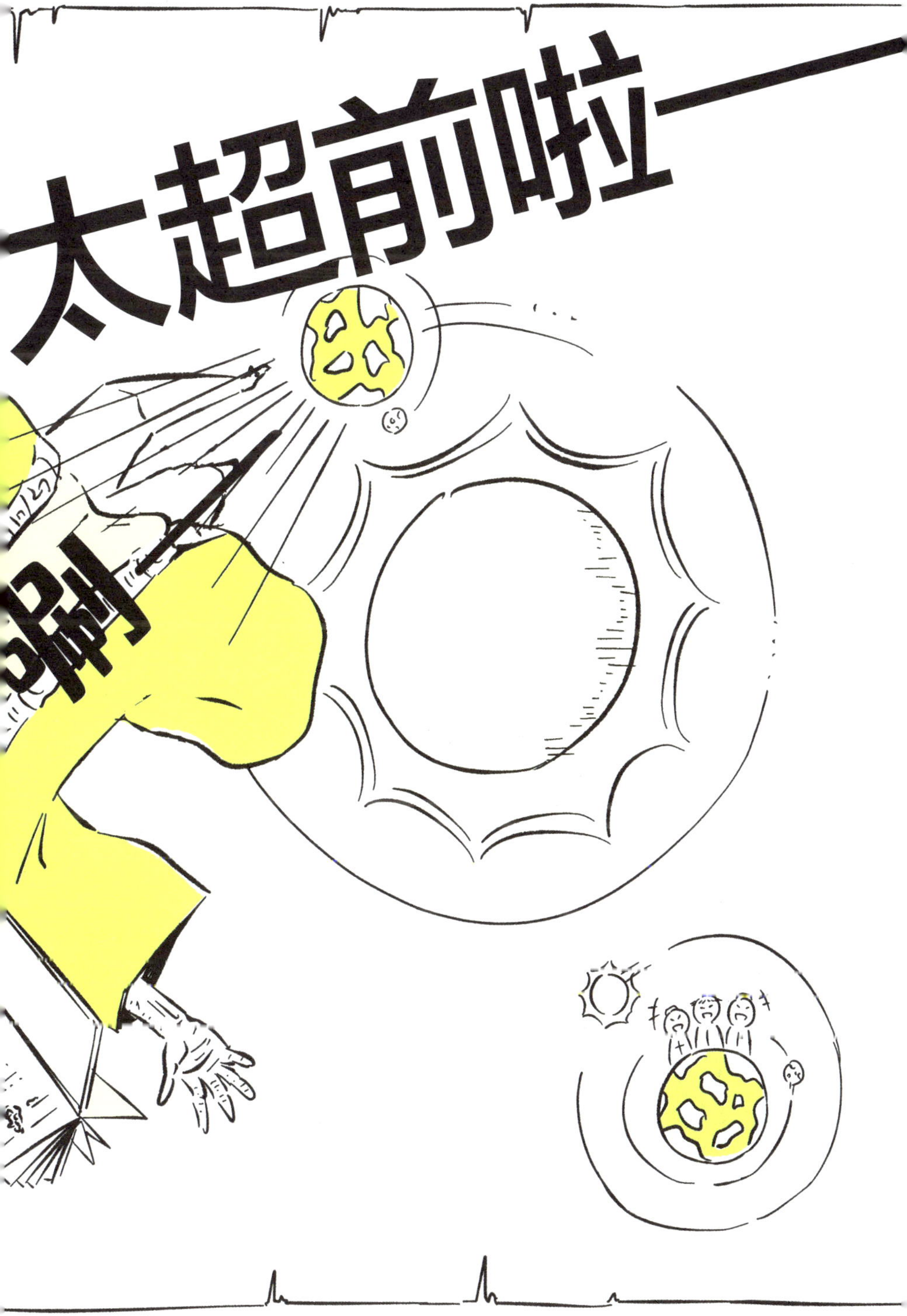
太超前啦——

最终章 其名为幸福

据说审判结束后，伽利略依然喃喃道："可是地球的确在动啊……"但实际上，他是没有说这句话的。不过，虽然没有说出口，但他一定在心中说了无数次"可是地球的确在动"。

证据就是他撰写了《关于托勒密和哥白尼两大世界体系的对话》的第二部——《关于两门新科学的对话》。而且，这本书是他在被终生软禁的情况下写的。

这本书没能在意大利出版，而是1638年在荷兰成功出版了。但这时，伽利略已经失明，无法再亲眼看到自己的著作了。又过了4年，伽利略走完了他78年的人生路。

在伽利略去世一年后出生的艾萨克·牛顿，于1687年发现了"万有引力定律"。根据这一定律，人们可以把天体的运动规律用数字表示出来，最终证明了"日心说"的正确性。

因为伽利略输掉了最终的战斗，人们常常把他的人生描述成一个悲剧。

但那是比起科学，人们更加信仰神的时代。而且，伽利略生活的地方由神职人员掌权，伽利略的想法没有得到神职人员中顽固派的认可。

用科学证明超前

当时科学的地位很低，作为科学家的伽利略很难赚到钱，生活非常清苦。

伽利略的人生有着各种缺憾，这些缺憾就好像脚镣上的一个个铁球。但伽利略没有因这些束缚而停下脚步。他因不断追求自己喜欢的东西，最终成为被后世歌颂的伟人。

在今天这个时代，一定也有很多人觉得自己正被时代或环境束缚吧。

然而，就算没有这些束缚，有的人也可能会一步也迈不出去，只会一味地抱怨，最终沉溺于不甘与怨念。

伽利略选择了无视这些束缚着自己的铁球，他走进了科学的世界，一步、两步……不断向前迈进。

比如，他没有用复杂的表述方式，而是用对话的形式写出的《关于托勒密和哥白尼两大世界体系的对话》，改变了很多人的常识观点。

为了对抗贫穷，他用当时非常有威望的美第奇家族的名字来命名自己发现的星星，以此赚了一笔钱。

虽然遭到老顽固们的批判，甚至被终生软禁，但他并没有认输。他终生都致力于发现世界的不可思议之处，并探究它们的真相。

当时的世界并不如我们现在这样自由，靠一己之力绝对无法改变周遭的世界。但伽利略尽了自己最大的努力来摆脱束缚，自在地生活。伽利略的生活方式，一定可以对现在的人们起到积极的影响。

贫穷

常识

老顽固们

伽利略·伽利雷的故事
——打破信仰——

完结

天才之书

发现超前

【人物】玛丽·安宁（1799—1847年）
【出生地】英国 【她是做什么的？】化石收藏家

常识 平民女性无法成为学者！

非常识 这样的社会烂透了！

> 肚子被看光了，怪不好意思的。

← 鱼龙

真是抱歉呀。

我是鱼龙，是一只被起了帅气名字的恐龙……哎呀呀，虽说是恐龙，但我并没那么帅气，只是嘴比较长的鱼而已。而且我如今已经没有肉身，只剩下骨骼化石了，真是抱歉呀。

我本来打算在英国的一个叫莱姆里杰斯的乡下，悄悄地躲在泥土中悠闲度日，但没想到有一天被一对叫玛丽·安宁和约瑟·安宁的姐弟挖了出来。

发现超前

安宁一家过着很贫苦的生活，他们的父亲以打造家具为生，但生意惨淡，所以他就在海岸挖掘化石，将其卖掉赚钱。为了帮助家中生计，玛丽从小就开始帮父亲看店和挖掘化石——真是个好孩子啊。

我活着的时候，只是想着怎么填饱自己的肚子，现在想想，真是羞愧呀。

父亲在玛丽11岁时就去世了。玛丽和约瑟姐弟只好子承父业，继续挖掘化石。

他们最初的重大发现，就是我。

当然，我并没觉得自己是个大发现，不管怎么说，我只剩骨头了。但是，看到我后，学者们都震惊了。

"从没见过这样的生物！"他们说。

嗯……看来在我在土中发呆的一亿年里，鱼龙已经灭绝了啊。哎呀，真是有点儿丢脸啊。

但我是人类发现的第一具恐龙化石，在当时引起了不小的轰动呢。

而且，发掘我的是11岁的女孩子——哦不，玛丽当时可能是12岁了吧？总之是非常年轻。所以，玛丽在当时也引起了很多人的关注。

也许是因为这次经历，玛丽开始对挖掘化石真正产生了兴趣。弟弟约瑟后来找了一份正式的工作，可玛丽还是在努力挖掘化石。那么努力地挖掘仅剩骨头的动物，真是很无聊啊。哎呀，说得有点儿过分了，真是抱歉。

玛丽非常厉害。最初，她把化石卖给贵族们，因为当时贵族之间流行收集化石。但是，玛丽注意到了一件事。

"如果是稀有的化石，学者会出比贵族更高的价钱购买。"

不过，如果不了解生物学的话，就不知道哪些化石更稀有。所以，玛丽做了很多功课。

玛丽真的很厉害啊，因为她从来没有上过学，她一个人自学，潜心钻研骨头……

发现超前

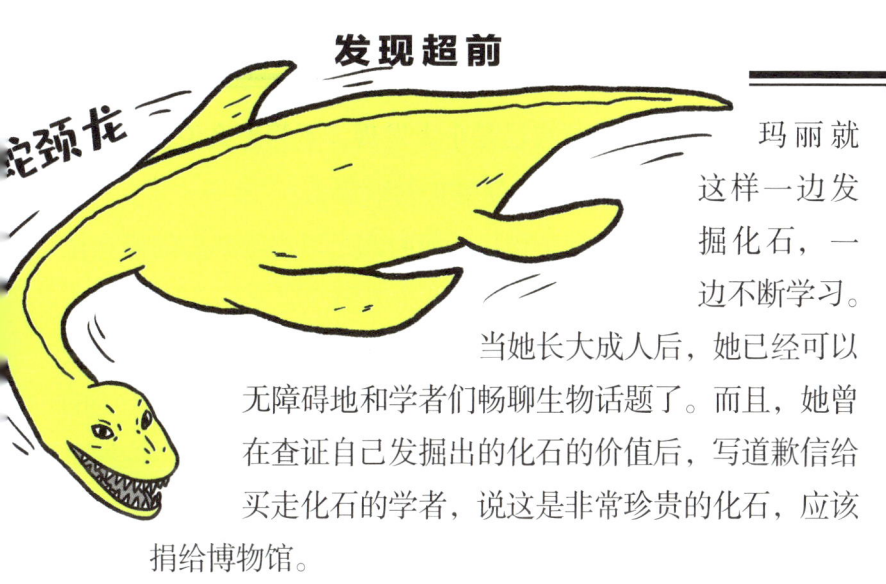

玛丽就这样一边发掘化石,一边不断学习。当她长大成人后,她已经可以无障碍地和学者们畅聊生物话题了。而且,她曾在查证自己发掘出的化石的价值后,写道歉信给买走化石的学者,说这是非常珍贵的化石,应该捐给博物馆。

更值得一提的,是她发掘化石的能力。在发现我之后,她还发现了蛇颈龙和双型齿翼龙的化石,而且这具双型齿翼龙化石还被认为是首个完整的翼龙化石。

仅她一个人,就发现了3种新恐龙哟。至今还没有人打破这一纪录,真的很厉害!

这样优秀的人当然会受到很多人的信赖,连英国的贵族和掌权者也都很信赖她呢。

擅长学习,取得了很多成绩,获得了很多人的认可,这就是玛丽·安宁。作为化石的我也非常尊敬她。

下面,我来为大家介绍一下玛丽的名言吧:

"我所生活的社会,真是充满不快。"

欸欸欸欸欸?

这是怎么一回事呢?

实际上，玛丽的生活一直非常贫苦。说起来真的很令人难过，直到去世，她都过着非常贫苦的生活。

虽然发掘化石是她的工作，但发现足以卖给学者的稀有化石，是一件很不容易的事。贵族们购买化石是为了向他人炫耀，所以只会购买上乘的化石。玛丽也试着制作了一些用贝壳化石拼接的作品，但只能勉强维持生计。

用现在的常识来判断，玛丽这样的人穷得叮当响是一件非常不可思议的事吧？因为她的学习能力非常强，也取得过发现新恐龙的成就，而且，很多地位高的人也信赖她啊。

我就直说了吧，如果是在当今社会的话，这样的人肯定不会过贫苦的日子。

因为如果有人发现新物种，再把这一发现写成论文的话，他一定会备受瞩目，也会很容易地找到适合自己的工作。

但是，玛丽不是贵族，只是一个平民。而且，她还是女性。很遗憾，在那个时代，身份和性别会限制一个人能做的事情。至少，女性想要进入学问的世界，在常识上是不被允许的。

所以，虽然玛丽受到了很多贵族和学者的认可，但这些人从未想过要引荐她走上学者的道路。

玛丽太超前了，无论是学习还是取得的成绩。啊，发现我这件事，也太超前了……

太超前啦——
要到什么时候呢？
只能过这样的生活……
早早被发现了，真是抱歉呀！
常识之墙
再多点儿！
真厉害！
的确。
玛丽真厉害——
不愧是玛丽啊！
我也想要那个化石啊！

> 我在这里向大家告知一位没有成为地质学会会员、没有受到关注的人物逝世的消息。她就是玛丽·安宁，她靠自己丰富的知识，发掘了多种珍贵的化石，但不同于解剖学家，她没有获得特别的体恤，也没有人打破常识来称赞她，或是给她任何名誉。

平民，而且是女性平民，这样的人是绝不可能走上学者道路的。

这堵常识之墙，真的太高了。

玛丽有个从小一起长大的朋友，名叫亨利·托马斯·得·拉·比奇。他在玛丽去世后，曾发表了这样一段演讲。

这是他被选为地质学会会长时的演讲。很厉害吧，刚当上会长就开始表达对自己学会的不满。

但是，得·拉·比奇非常想说这些，因为他对玛丽的能力评价非常高。

在变成一副骨架后才被认可的我看来，这真是件令人羡慕的事情呢。不过，通过这件事，我们可以看出，在当时就连能成为学会会长这样厉害的人，都无法改变玛丽的生活境遇。

这么说可能显得有点儿自大，抱歉呀，但我不得不说。我不是化石吗，而且是历经了一亿多年光阴的资深化石，关于石头，我了解得可不少。常识之墙，是用"歧视"之石作为材料建造的，所以才尤其高，尤其坚固。

发现超前

不是贵族、身为女性——这样的出身和性别不能做某些职业，这在当时是常识。这一常识混合着歧视，持续了很长很长时间。

然而，在同一时期，海峡对面的法国已经进入了平民也能参与政治的时代。

没错，持续了很久的这一常识，已经开始渐渐被打破。

但是，玛丽没能见证这一常识之墙被击溃的时刻。仅仅47岁的她因病离开了这个世界。

时代的话

玛丽穷苦的原因是：新品种的化石的确可以卖到很高的价钱，但是，一个人是无法挖出体积庞大的化石的，所以，她不得不请很多人帮忙，这样一来，就需要支付大量的人工费。虽然化石卖了很多钱，但最终留在玛丽手里的只有很少的一部分。

在那之后，玛丽·安宁这一名字便消失在了历史中。

很过分吧。像我这样毫不重要的渺小的鱼龙，名字都留在了生物历史中呢，但发现我的玛丽，却在哪里都找不到记载。比如，有的博物馆现在还陈列着很多玛丽发掘出的化石，但说明牌上只是写着"发掘于莱姆里杰斯"。

更过分的是，虽然是玛丽发现了我，但在历史上留下名字的，却是从玛丽手中买走化石进行研究、留下论文的学者。

而且，除我之外，玛丽在发现了蛇颈龙和双型齿翼龙的化石后，立刻就意识到这是新物种。即便如此，作为发现者而留名的却只有学者。

玛丽的名字，就这样消失在了历史中。

但是，在和玛丽关系比较好的贵族及学者留下的文章中，能看到玛丽的名字。

大概在玛丽去世后100年，出现了一个对玛丽感兴趣的人。

他就是威廉·D. 兰克。他正式开始了对玛丽的研究，在25年间共发表了10篇论文。

玛丽的名字终于被世界知道了。针对非专业古生物学家的奖项，也被命名为"玛丽·安宁奖"。

另外一件值得高兴的事情是，2010年，英国皇家学会发表的《影响科学的100位英国女性》中，也有玛丽的名字。

发现超前

也许你会说"太迟了",但这正证明了玛丽是超前的天才呀。

故事讲得太长了,真是抱歉呀。

啊,对了,我现在也被陈列在某个博物馆里呢。当然,其他化石也非常帅气,你如果看到的话,一定要仔细观察一下哟。不过,如果你看到我的话——虽然只有骨头——请你也要记得玛丽·安宁的贡献哟。

时代的话

对了,关于玛丽·安宁,还有一个不能不提的传说。那就是,玛丽小时候曾被雷击中过,但她活了下来。关于名人的这类传说,有很多是编造的,比如伽利略的"可是地球的确在动啊",玛丽·安托瓦内特的"没有面包的话,吃蛋糕不就好了",还有织田信长被杀时,明智光秀的谋反言论"敌在本能寺"。这些都是后世的人在讲述名人故事时的添油加醋。玛丽之所以有被雷击的传说,是因为在那时有3个人因雷击死亡,还登上了当时的报纸。也就是说,这个传说还是有一定背景来源的。

天才之书

搞笑创作超前

【人物】茑屋重三郎（1750—1797年）
【出生地】日本 【他是做什么的？】书店经营者，出版人

常识 要服从高层的政策。

非常识 什么高层低层，无所谓！

> 真是不错啊！
> 啊，你问我是谁？

我是茑屋重三郎。

我是日本江户时代一个开书店的。

虽然不知道怎么回事，我好像来到了未来的书店。

哎呀，现在的书店可真是很厉害啊！

我那个年代可没有这样像城堡一样的大书店，而且这里书的种类也太多了吧！

人物 茑屋重三郎

搞笑创作超前

但是,要怎么说呢,本质的东西并没有变,这让我很开心啊。在书店看着摆放整齐的书,果然是一件让人心情舒畅的事呀。用现在的词来说,就是"好激动"吧?书给人的这种好心情,真是从古到今都未曾改变啊。

而且,每本书都凝聚了很多心血。

我现在正在逛漫画区。这些作品真是不错。把图片和对话放在方格里来讲故事,在我那个年代可是想都不敢想的啊。

看,这就是我做的书。总体上来说,它和现在的绘本比较接近吧。不过,它的内容是给大人看的。这本书可是非常畅销的,在那会儿算是一枝独秀呢。

嗯?你说什么?你想听听我的故事?

好吧。我就大概讲一讲吧。

人物

茑屋重三郎

我是在一个叫吉原的地方长大的。我在吉原的入口处开了一家书店。当时的书店除了卖书，还负责制作、出版图书。吉原这个地方有点儿特别，在当时挺出名的，所以我就做了吉原的导游书。

其实，当时已经有人做了类似的书。但因为我生长在这里，对这里的事情了如指掌，所以我做的这本书脱颖而出了。这本书非常成功，有很多人买它来做伴手礼，可以说是大受欢迎。

时代的话

吉原嘛，我以前也常常去那里玩。茑屋重三郎认识很多作家和画家。当时没有稿费一说，出版人为了答谢作家和画家，会请他们在吉原这样高级的地方吃饭。所以，自然地，住在吉原的茑屋重三郎结识了这些人。

我想要！
我也要！
我也要！

搞笑创作超前

我用卖书赚来的钱出版了很多书。关于新书的好点子，我可有不少呢。

你知道"狂歌"吗？就是5·7·5·7·7韵律的短和歌。《百人一首》（日本广为流传的和歌集）知道吧？那就是短和歌。用这种韵律来幽默地描写世间搞笑的事情的作品，就是狂歌。

在当时的日本，这种能博人一笑的狂歌还挺流行的。我就打算为这些狂歌配画。

吉原有很多厉害的作家和画家。我和他们中的很多人成了朋友。我和他们说了我的点子后，他们都觉得很有趣，就接下了我的委托。

最终做出来的书非常成功，狂歌成了当时的风潮。真是令人开心啊！

自己认为有趣的东西，获得了很多人的认可，没有比这更令人开心的事情了吧！

另外，我还出版了不少畅销的彩色浮世绘，就是类似这样的，色彩缤纷的画集。好像现在也还有许多人喜欢浮世绘吧。

当然，我们那个年代的画，可跟现在的不一样。

如果你感兴趣的话，可以去查查喜多川歌麿这个画家，他的名字一直流传至今呢。

可后来，社会风向开始渐渐地改变了。

当时日本的"老中",应该相当于现在的"首相"吧,总之就是掌握实权的当政者,从田沼意次换成了松平定信。

田沼当权时,商人的自由度很高,但松平这家伙主张勤俭节约,还有什么习文练武,总之都是一些很老套的东西。

也就是说,让大家都要节俭,不能乱花钱,还要好好学习和运动。

对吧?你也觉得这是什么破主张吧?要是没有娱乐,人生有什么意思?如果光听那些高层的意见,束手束脚的话,那可就太无趣了。

所以,我出版了一本讽刺这一做法的书,就是我刚刚给你看的有点儿像绘本的书。我们管这种书叫"草双纸"。

虽然乍看起来是老故事,但是仔细阅读的话,就能看出对松平推行的政策的讽刺了。

这本书也很成功。因为封面是黄色的,所以大家称这本书为"黄表纸",它在当时非常受欢迎。

但是,就因为这本书,我被只知道讲究"节俭"的松平盯上了。不只是我,这本书的作者和绘者,也都被抓了起来。

后来,作者死了,绘者戴着手铐过了50天。我呢,被没收了一半财产。

真是很痛苦啊。啊,那段日子真是太痛苦了……

搞笑创作超前

太超前啦一

没收！

时代的话

我来为大家介绍一首当时的狂歌吧，虽然它没有被收录在茑屋重三郎的书里。"至清白河无游鱼，只恋旧时田沼泥"。这是一首讽刺松平定信所施行的勤俭节约、习文练武政策的狂歌。其内涵是"松平定信强迫人们按高洁的方式生活的政治理念是错误的，还是田沼意次时代更令人觉得自由。"

但是，我在如今的书店看到了这本书哟。

我还看到了很多比我这本书更加过激的书，还有反对当今日本政治理念的书。

你看，我做的事情没错吧？

只是，太超前了啊……

江户时代还是太浅陋了。当时的日本太浅陋了。

而且，因特网这个东西，当时也是没有的，所以我们和外国的交流非常少，金钱也只在国内流通。所以，幕府——现在叫政府了吧，想要向我们这些民众施加压力，是非常简单的事情。

我真想生在如今的世界啊。

现在的书店真是太棒了。

虽然说出来有些难为情，但我发现这里也有一些关于我的书，所以我试着读了读。

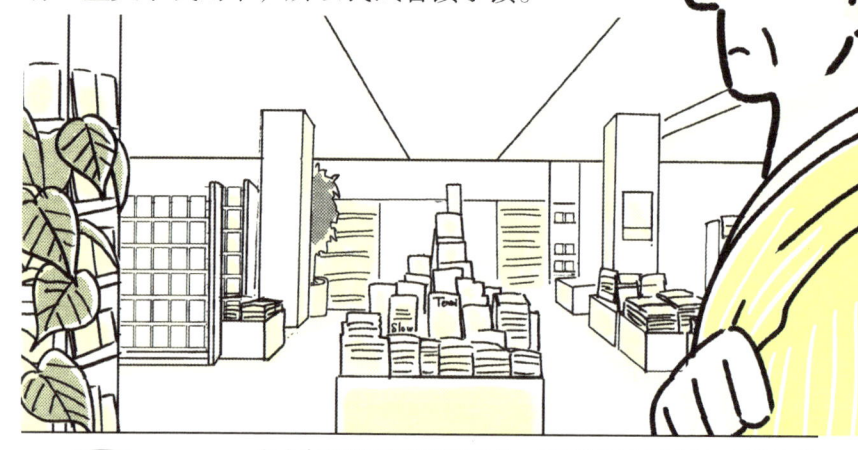

时代的话　老中（日本江户幕府的职名，负责统领全国政务，是幕府的最高官职——译者注）松平定信，主张宽政改革。那是江户三大改革之一，虽然后人评价这个改革失败了……另外，可能有很多人会觉得学校的历史课很无聊，但是，历史就是讲述时代，也就是我的事情，也是人类的故事，所以是非常有趣的。请一定要好好学习哟。

人物・茑屋重三郎

搞笑创作超前

时代的话

东洲斋写乐,虽然在这里只出现了名字,但他是因茑屋重三郎的包装,才渐渐变得有名的。写乐最有名的画中的人物,之前一直没有弄清楚是谁,现在也有人认为画的就是茑屋重三郎。当然,我是知道画中人究竟是谁的。

现在回头看看,我好像很擅长发现别人的才能呀。

确实,我刚刚提到的喜多川歌麿,还有东洲斋写乐,在他们还寂寂无名的时候,我就已经开始关照他们了。

不过,与其说是我发现了他们的才能,不如说是他们的画本来就在闪光。我只需要思考,怎样的作品能让他们的画更加耀眼就好了。

而且,能让这些有才能的人来画让大家觉得有趣的作品,不是一件很棒的事情吗?

哎呀,我的身体开始变得透明了。看来,我得回去了。

那么,就让我来说说"最后的话"吧。

其实,看似天马行空的故事中,常常蕴含着真实。很多时候,人们正是从这些故事中了解时代的真相。

另外,别忘了让更多人感到快乐啊。要做到这一点,自己得先找到快乐。

为了找到自己的快乐,全力奔跑起来吧。不要管身边的人怎么说,在这个时代,不会再发生像我那样的悲剧了。

啊,到分别的时间了。希望你能拥有美好的人生。再见了。

天才战记 I

在这个世界上，
诞生了很多拥有卓越才能的人。
但是，他们不得不去战斗。
与横行在这个世界的，
想要击碎才能的人们战斗——

这就是，
降临于世的天才们的战斗记录。

天才编年史

第1回合 战斗
VS 亲戚大叔军团

天才们的战斗从小时候便开始了。但最初的敌人通常并不会太强大。最初的敌人，大多是亲戚或父母。也许是为了显示自己的高明吧，他们会用轻飘飘的口吻来展开攻击。但那样做也是会造成伤害的，只是他们并没有意识到。这时，如果像下图这样回话的话，就可以利用对方的话来回击，把对方变成自己的同盟。而且这样做的话，说不定未来他还会帮助我们哟。

当长辈回忆起了自己年少时的梦想，他也就不会再嘲笑当下的我们了。而且，他在回忆了自己的梦想后，很有可能会想要支持我们。

必赢妙招：问梦想

第 2 回合 战斗
VS 优等生军团

人们总是会忍不住和他人做比较，尤其是大家都在学校做着相同的事时，就更容易互相比较了。所以，如果谁有不擅长的事情，就容易被周围的人嘲笑。被他人嘲笑的话，可能会产生失落、胆怯的心情，从而失去乐观应对事物的"积极性"。这对于天才来说可是非常糟糕的。喜欢嘲笑他人的人爱看别人消沉的样子，因为这会让他们觉得"我可真厉害"。所以，就算我们觉得难过，但只要不表现出消沉的样子，那我们就赢了。而且，每个人都会有很多做不到的事情，这并不是什么大问题，不必觉得难过。

"敌人"的这种武器看似厉害，但其实非常脆弱。所以，不要在意他的话，用天真无邪的回复来抵挡吧。记住，心态要平和，语气要真诚。这是一辈子都用得到的战术哟！

必赢妙招：天真无邪

第3回合 战斗
VS 恪守旧规军团

老师是离我们最近的大人。多数老师会想要孩子更多地发挥才能，但遗憾的是，摧毁孩子才能的老师也有。孩子无法选择老师，所以如果遇到这样的老师，每天接受他们的理念的话，就会渐渐失去才能和个性。但是，老师说的话，真的是正确的吗？如果想要弄清楚这一点，天才们就必须去接触学校以外的世界。

说实话，天才想要避开来自老师的攻击并不容易。但是，如果我们在校园外拥有自己的小天地，就算校园生活有令自己不开心的事情，也能轻松化解。如果觉得不喜欢学校了，就让自己飞去那个只属于你自己的世界吧！

必赢妙招：飞吧

天才之书

现在依然很超前

【人物】拉马努金（1887—1920年）
【出生地】印度 【他是做什么的？】数学家

人物 拉马努金

常识 公式是需要证明的。

非常识 答案对了就行嘛！

今天我们来学习三角形面积的计算方法。

老师！

答案是6。

怎么了？

嗯……你是预习了吗？

没有啊，是看图看出来的。

虽然答案对了，但是只凭感觉不行啊，一定要用公式证明。
可是，答案就是6啊。答案对了，不就可以了吗？
嗯……
那这个三角形的面积呢？
这个是直角符号，也就是90°。
这个符号表示两个边长度相同。
10cm
知道了！答案是25！
……啊，你知道解题方法了啊。是从补习班学的吧？
是一看就知道答案啊，为什么不相信我呢？
真是的……
打击……
咳咳——那么，我们现在来学习三角形面积的计算方法。

为什么我答对了还要挨骂？
什么啊？
小弟弟，你怎么了？
是这样，今天在学校发生了一些让我不开心的事情。
吧啦吧啦，讲述经过……
一下子看出了案啊…
原来如此
我相信你。只是你的经历和一个我认识的人很像，所以有点儿惊讶。
大姐姐果然也不相信啊。
哎！
嗯？很像？
在很久以前，有一位数学家和你说了一样的话——

现在依然很超前

疑问！三角形的面积，真的是"底边 × 高 ÷ 2"吗？

❶ 分身！
为什么？为什么我要被怀疑呢？要是你如此怀疑的话，我就证明给你看。嘿！分身术！

❷ 分身，你过来一点儿。首先，我们贴在一起，变成一个平行四边形。要站稳一点儿哟！

❸ 然后，把分身切成两半，拿下一个直角三角形。
分身，有点儿疼吧？稍微忍耐一下。

❹ 然后，我们把切下来的三角形，放到另一侧……
嗯，刚刚好！
看，变成长方形了吧。

❺ 7×4=12 高 4cm 宽 3cm
长方形的面积，是底边（宽）× 侧边（高）。
那么，无论是怎样的三角形，只要有两个，就能做出一个长方形。

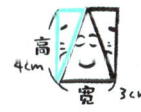

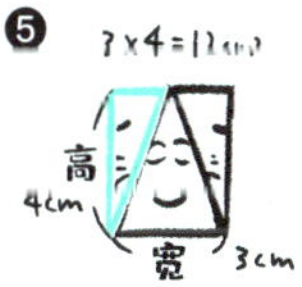

❻ 所以，三角形的面积，就是用"底边 × 高"算出长方形的面积，再把它除以2。
现在明白了吧？

他的名字叫斯里尼瓦瑟·拉马努金，是印度的数学家。

他是个很特别的人呢。他发现了很多公式。啊，公式就是你们现在学的"底边 × 高 ÷ 2"这类的，把数字代入就能求出答案的东西。

可是，公式需要证明吗？想想看，要是突然告诉你用"底边 × 高 ÷ 2"这个公式就能算出三角形的面积，你也会怀疑这到底正不正确吧？所以要证明公式是否"正确"。

但是，拉马努金发现的公式，都是没有经过证明的。当然，他提出这些公式时，很少有人相信。而且，他常说："这些公式都是娜玛卡尔女神在梦中告诉我的。"

在拉马努金生活的印度，有一种叫作"种姓"的等级制度。这种制度把人分成不同的等级。等级最高的，是被称作"婆罗门"的人。他们的主要工作是宣传印度教，相当于神职人员。拉马努金就出身在一个没落的婆罗门家庭中，他非常信仰神。

拉马努金说他的公式是女神告诉他的，而神不可能会错。所以，当有人要求他证明公式时，拉马努金觉得非常不可思议："明明是正确的，为什么还需要证明呢？"

这个世界上出现过非常多的天才，而拉马努金，则是这些天才中的佼佼者。

计算出天体移动轨迹的牛顿曾这样说过："我只是站在巨人的肩膀上罢了。"

也就是说，他认为，他之所以能有新发现，是因为前人已经开辟了道路。所谓天才，并不是一定要去发现一个从未有人涉足的全新的领域，而是像攀登台阶一样，一点一点地去探索新事物。

但是，拉马努金不一样。他是一下子就跳上了10层台阶，可以说是天才中的天才。所以，后世的人压力很大啊。

众多数学家花费了近100年的时间，终于在2018年证明了拉马努金的全部公式。但是，这其中还有很多公式，数学家们不知道可以用在哪里。

顺便提一下，在大概知道了用法的公式中，竟然还有用来计算黑洞的公式。可是，在拉马努金生活的时代，人们还没有发现黑洞啊。

你看，他真是个超前的天才吧！

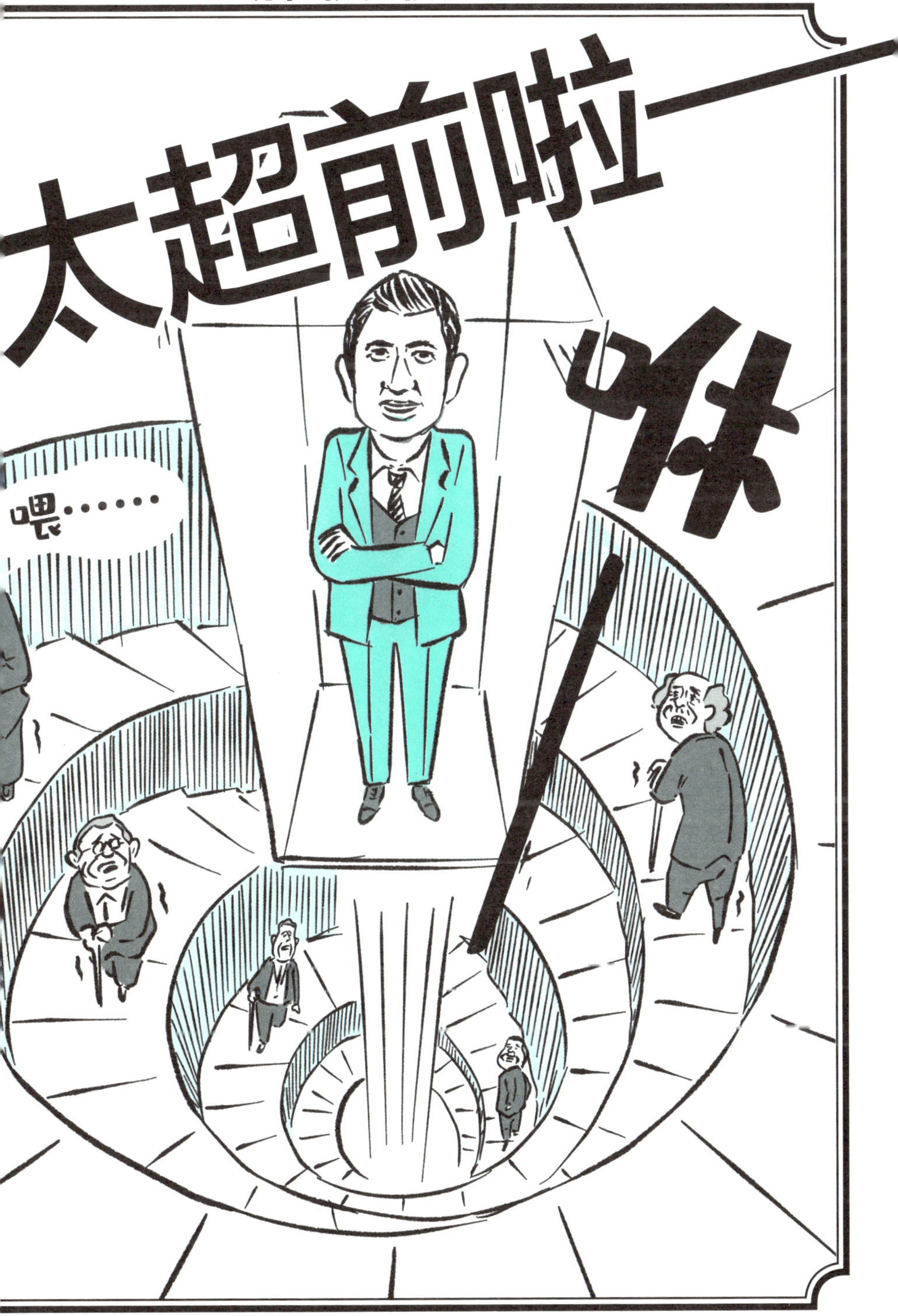
太超前啦——
咻
喂……

拉马努金之所以能发现这么多公式，是因为他非常热爱数学。但是，对天才来说，还有一样东西是不可缺少的。

拉马努金学习非常好。他从15岁开始展露数学方面的才能，不过，这也导致他对其他学科日渐失去兴趣。

虽然他在大学还获得过奖学金，但因为除数学外，其他科目的成绩都很差，所以一年后，他被大学开除了。

无论是过去还是现在，学校都非常重视学生的综合能力。但是，人就是会有擅长的事情和不擅长的事情啊。

在那之后，拉马努金没有参加工作，而是专心进行数学研究。他在石板——你可以将其想象成一块可以随身携带的黑板——上写出公式，然后擦掉，再写，再擦掉，直到发现正确的公式，才记录到记事本里。这是因为拉马努金家很穷，连买记事本都很困难。

在这期间，拉马努金的学长向有钱人发起了"帮助天才拉马努金继续进行数学研究"的捐款活动，帮拉马努金筹到了可以维持生活的钱。但这样的生活在他22岁时结束了，因为他结婚了。

所以，他不得不去找工作。他在港务信托处找到了一份工作，工作内容是管理港口、为船只办理各类手续等。他的上司拉奥·艾亚尔也非常喜欢数学。艾亚尔很快发现了拉马努金的才能，认为他不适合工作，而是应该继续做研究。所以，艾亚尔每个月都会给拉马努金一些钱，让他在家专心从事数学研究。不得不说，拉马努金真是很幸运啊。

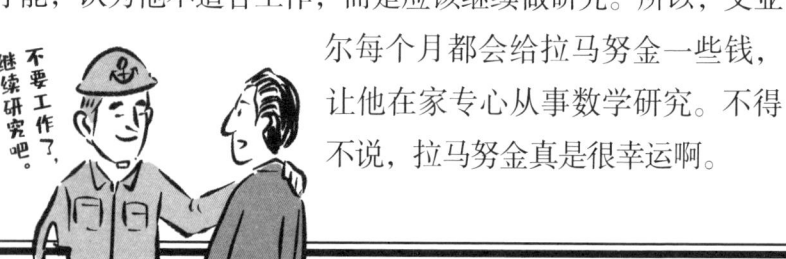

现在依然很超前

当时，印度是英国的殖民地，受英国统治。英国的学术实力领先印度很多，因此，艾亚尔建议拉马努金去英国留学。

就这样，拉马努金开始写信给当时英国有名的数学家们。

然而，最先收到信的两位数学家都没有给他回信。因为他的个人介绍是这样写的："我是印度港务信托处的一个职员。"而且，书信里的公式也没有证明过程。写信的人不是研究者，公式又没有证明，的确很难令人相信啊。

不过，幸运再一次降临了。

什么？你说太幸运了？别忘了，拉马努金可是有女神眷顾的呀，哈哈哈！

第三位收到信件的，是高德菲·哈罗德·哈代。他最初也觉得这是一封奇怪的来信，但他很快发现，信中提到的公式正是他的朋友约翰·艾登瑟·李特尔伍德研究过的公式。于是，哈代再次仔细看了拉马努金信中的其他公式。看完后，他不禁感慨："这是个天才呀！"

于是，哈代和李特尔伍德说服了英国的大学，拉马努金终于得以赴英国留学了。当然，大学也会提供足够的研究资金。

然而，拉马努金出国留学这件事遭到了家族的反对。印度教中有"禁止出国"的教义。对了，新冠病毒严重的时候，很多国家也会禁止人们出入境，和这种做法相同，以前也有非常多的国家为了防止疾病传入而禁止国民出国。不过，以前人们更习惯把这种规定称为"神谕"。当然，我——哦不——是神没有禁止任何事情。

因此，非常信仰神的家族成员十分反对拉马努金赴英国留学。而支持他去英国的人则主张"听听女神的意见"。于是，拉马努金一家就出发去了传说中女神所住的洞窟。

就在那天夜里，拉马努金做了一个梦，梦中他被一道美丽、耀眼的光包裹住了。他把这个梦告诉家人后，家人认为这是女神允许拉马努金出国的象征，于是同意他出国了。

到了英国的拉马努金开始全身心地投身数学研究。他太投入了，有一次一大早就给哈代送去了6个公式。真的是非常厉害啊！

当然，这些公式也是没有证明的。

不过，哈代慢慢地将这些公式证明出来，并整理成论文发表了。就这样，拉马努金的名字开始在英国数学界传播开来。

在英国生活的第五年，拉马努金生病了。这时，第一次世界大战爆发。拉马努金遵循印度教的教义，绝对奉行素食主义。由于战争，人们本来就很难获得食物，素食主义的拉马努金更是如此，他的身体越来越虚弱。

后来，拉马努金回到了印度。但他的病情日益加重，年仅32岁就离开了这个世界。他的死和天才的身份无关，而是要归咎于那个时代啊。

时代的话 对现在的孩子来说，也许很难理解与宗教相关的故事吧。作为婆罗门，如果不遵循印度教的教义，就会被认为是违背了种姓制度。一旦违背，就无法再次回到种姓阶级中，也就相当于被整个社会放逐。因此，拉马努金的家人才非常反对他出国。

现在，你明白天才不可缺少的是什么了吗？
嗯……
天才不可缺少的，是认同自己才能的人。拉马努金也一样，如果他没有把才能展示给别人，那么他所发现的公式也许会永远长眠在印度的地下。
将来，你一定也会遇到各种各样的人。和他人的相遇是会带来幸运的。你要重视每一次相遇哟。
我明白了。对了，姐姐你几岁了呢？拉马努金不是100多年前的人了吗？
嗯……还是告诉你我的名字吧。我的名字是……
咦？
啵
咻
也许你不会相信，但从那天开始，我的脑海中开始浮现一个个公式了——

天才之书

便利化超前

【人物】 路易斯·布莱叶（1809—1852年）
【出生地】 法国　**【他是做什么的？】** 盲人点字法的发明者

常识 盲人能阅读就不错了。

非常识 盲人应该有更宽广的世界。

我是点字，6点点字。学名叫"盲人点字"。

通过触摸我的这些凸出来的点，盲人也可以读出文字。

比如，现在的我就表示字母"h"哟。

这个人是我的爸爸。

他的名字叫路易斯·布莱叶。

嘿嘿。

这是我的爸爸哟！

路易斯·布莱叶

← 盲人点字

人物　路易斯·布莱叶

便利化超前

我今天是来讲爸爸的故事的。

那是在 1824 年的法国,那时候爸爸才 15 岁,他和其他眼睛看不见的孩子们一起,在盲人学校读书。

学校的空气很差,冬天非常冷。而且,这里的供水也很差,在学生宿舍住的孩子一个月才能洗上一次澡。

总之,在这里上学,不生病才是奇迹。很多学生都生病了,爸爸也生病了……

虽然生活在这样恶劣的环境中,但大家都非常乐观,甚至有时候会因为太吵闹而惹老师生气。

也许是因为生活在这样充满笑声的环境中,爸爸才发明出了我吧。

但是……有一天,爸爸来和我聊天,他的脸色看起来很差。

那是我刚刚诞生不久的事情……

人物

路易斯·布莱叶

"唉……"

"怎么了,爸爸?"

"你还记得查尔斯·巴比埃发明的'夜间书写'符号吗?"

"当然啦,是用12个点组成的点字,爸爸看到的时候,非常激动呢。"

"嗯。之前的凸版字母,读起来很费时间。"

"文字也需要放大,这样书就变厚了,用起来很不方便。"

"是啊。不过用点字的话,就算不那么大也没关系,因为用手摸一下就能读出来。"

"爸爸觉得巴比埃的文字很方便,所以才把它改良成6个点,发明了我吧?"

"……是的。"

"那你怎么还这么沮丧呢?"

"嗯,今天我见到了巴比埃,说到了关于你的事情。"

"好厉害!但是,为什么爸爸那么失落啊?"

"我和巴比埃说,他的点字非常方便,但是如果加以改良的话,会更方便。"

巴比埃的12点点字

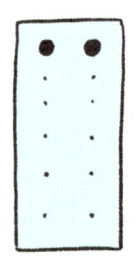

巴比埃创造的12点点字,也被称为"夜间书写"符号。是用纵向6点、横向2点来表示法语发音的符号。虽然布莱叶和巴比埃之后没有再见面,但布莱叶一直非常尊敬巴比埃的这一发明。

便利化超前

"嗯,巴比埃的点字是 12 个,所以读的时候必须竖着移动手指才行。但是……"

"但是,如果是 6 个点,也就是像你这样子的话,只要横着移动手指,就能读出来了。就算眼睛看不到,也能很顺畅地读书,很棒吧?"

"是呀。"

"我以为巴比埃会赞同我的想法,使用这种更简单的点字……但是,巴比埃却生气了,他说盲人只要能简单地读写就可以了,不需要做任何改变。"

"那真是很过分啊……太过分了。爸爸没有打算中止对我的探索吧?"

"当然不会中止!我要凭借自己的力量,将你系统地展现出来!"

经过不懈的努力,爸爸终于做到了。

可之后的事非常不顺利……

时代的话　巴比埃原本是为战争而发明的点字。使用点字,就算是在黑暗中也能向士兵们传递指令。但是,军队没有采用这种方式。巴比埃认为,盲人可能会使用这种文字,便来学校进行推广。如果军队采用了的话,盲人点字的出现也许会更晚,真是因偶然而推动了历史啊。这也是时代的有趣之处吧。

"我没有被学校认可啊。"

"嗯,皮尼耶校长觉得很好,但是其他人都觉得不行。"

"其实,我偷偷潜入会议,问了问老师们的意见。"

"真的吗?他们怎么说?"

"'凸版字母我们也能阅读,但点字我们不会读也不会写。所以,也没办法教给学生。''如果学生用点字,就和老师用的文字不同了,这无形中造成了看得见的人和看不见的人之间的壁垒。'老师们是这样说的,没有认可我。"

"他们说了这样的话啊……"

"但是,只要老师们把我记下来,学会就可以了啊。"

"是啊。可老师们也很忙啊……"

"真是的,爸爸太善良了。人类就是不愿意接受新事物。"

"嗯?什么意思?"

"大多数人都只认可已经被大多数人认可了的事情啊。"

"为什么呢?"

"因为人们害怕自己主动去判断啊。"

"是这样吗?"

"没关系,等时代追上我们吧。"

便利化超前

"嗯。如果这所学校开始使用我的话,那么就得创作学习我的教科书,也有很多故事要按我的样子来改写。这需要花费很多时间和金钱。如果我没能被推广开来的话,那这些时间和金钱就都白费了。所以,他们不敢使用我啊。"

"嗯……要是他们直接告诉我,我可以来创作教科书和故事的……"

"嗯,爸爸肯定能写出来的。但是,那是我被采用之后的事情了啊。归根结底,判断采不采用的时候,他们没有想这么多,只是觉得会费钱吧。"

"这样啊……"

"不尝试新事物会比较轻松,也不会失败呀。当然,也不会取得大的成功。而且,靠国家税金开办的这所学校,如果稍有一点儿失败的话,就会被追责。所以,大家想的只是千万不要失败而已。"

"原来如此。怎么感觉你比我懂的还多,就好像你是爸爸一样?"

"因为我是文字啊。文字可是能通晓一切的。"

"这样啊。那么,真的没有办法再把你传播给更多的人了吗?"

"不是的,只是我诞生得太早了。所以,我们再稍微等一等,等时代追上我们吧。在那之前,爸爸就按自己的想法好好生活吧。"

没能被大家认可啊……

在那之后，爸爸一面积极地生活，一面对我做了很多改良，让我使用起来更加方便。毕业后，他留校做了老师，他的管风琴也弹得越来越好，有时还会被邀请去附近的教会演奏。

虽然爸爸一直非常努力，但我的境遇却没有改变。虽然他的学生在偷偷使用我，但并没有传播到校外。

而且，一直支持爸爸的皮尼耶校长被辞退了。爸爸当时真的非常苦恼……

"听我说，皮尼耶校长被辞退了！"

"什么？那真是太糟糕了！"

"所以，那个副校长升为校长了！"

"坏了……是不喜欢我的那个副校长吗？"

"嗯，是啊……他说要禁止使用你，而且要把之前我和皮尼耶校长一起写的点字书全都毁掉。"

这真是前所未有的大危机。

与此同时，美国诞生了新的点字。但是，这种点字和至今一直使用的凸版字母没有太大区别。

爸爸从孩子长成了大人。但这 20 年间，点字的世界没有任何改变。

现在你知道，我爸爸的发明有多么超前了吧。

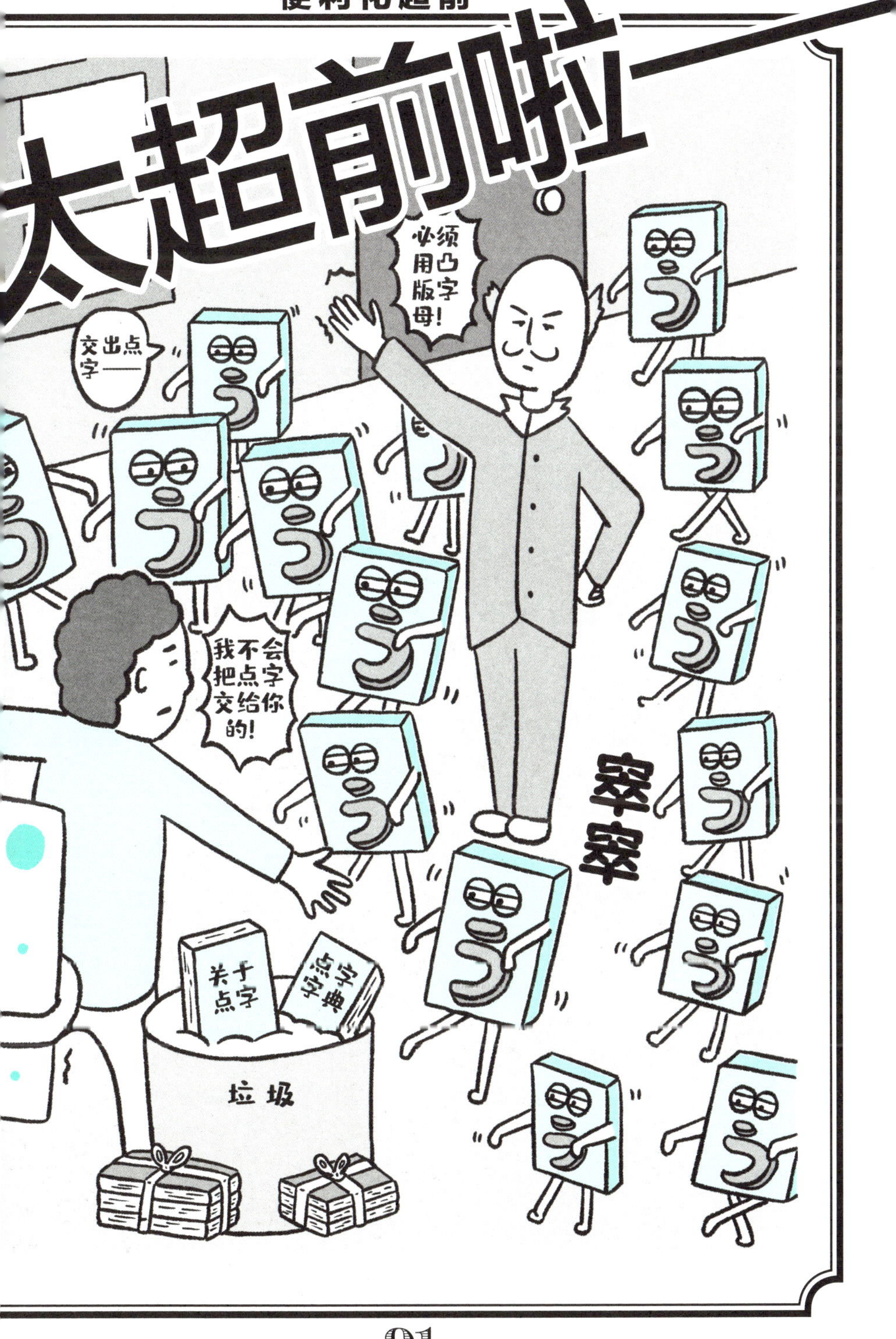
大超前啦——
必须用凸版字母!
交出点字——
我不会把点字交给你的!
窣窣
关于点字
点字字典
垃圾

就这样，我差一点儿就被新校长"杀"掉了。但是，这一危机也变成了机会。

爸爸有了新的同伴。新来的副校长和皮尼耶校长一样，觉得我是"非常棒的发明"。而且，他向支持学校运营的贵族们夸奖了我，而且还在学校的纪念大会上向参会的嘉宾们详细地介绍了我。

介绍完后，嘉宾们都鼓掌表示认可。而在介绍了我的爸爸后，掌声和欢呼声更加热烈了！

在这之后，我的境遇开始改变了。那次大会有很多有权力的贵族参加，所以我开始在法国境内被使用了。就连之前反对我的新校长也痛快地接受了我——越是害怕失败的人，就越喜欢服从权力啊。

在那之后，我开始被广泛地使用。到目前为止，已经有100多个国家在使用我了哟。

但是，爸爸并没有看到我活跃在世界各地的样子……他的病日益加重，仅43岁便离开了这个世界……所以，让我再多讲一点儿爸爸的故事吧。

我是因爸爸的善良而诞生的，至少我一直是这样认为的。你还记得最初巴比埃对爸爸说的话吗？

"盲人只要能简单地读写就可以了，不需要做任何改变。"

便利化超前

虽然是很过分的话，但在当时，这是常识。自从我诞生后，就算眼睛看不见，盲人们也可以创作故事或音乐了。当然，比起眼睛正常的人来说会吃力很多，但"可以"与"不可以"，是完全不同的呀。

是的，通过创造我，爸爸使盲人的世界一下子变得宽广起来。巴比埃的常识不再适用了呢。

善良是很厉害的东西。我们每个人都有不同的不足，也可能会因为自己的不足而受到伤害。但不足并不是自己独有的东西，世界上总会有人有和我们一样的不足，也可能因同样的不足而遭受同样的伤害。

这时，就要用善良来修复伤口。

你看，就像爸爸创造了我一样，也许你也能治愈很多人的心灵。

谢谢你听我讲这么多。

如果你对我产生了一点儿兴趣的话，就请记住我的名字吧。也许你在身边就能发现我哟。

时代的斑

布莱叶做老师的时候，被称为"魔鬼老师"，因为他经常训斥学生。这是因为布莱叶不仅理解身为盲人的痛苦，也深刻地领悟到身为盲人应该如何面对生活。所以，如果学生抱有自己是盲人，失败是理所当然的想法，他就会严厉地训斥他们。学生们非常理解布莱叶，所以尽管他很严厉，大家还是非常喜欢他。

天才之书

理财意识超前

【人物】织田信长（1534—1582年）
【出生地】日本　【他是做什么的？】战国武将

常识 有钱人会一直有钱。

非常识 金钱是持续流动的。

织田信长原本是名为尾张藩（现日本爱知县）的一个小国的武士。

藩，是古代日本的封建领国单位，类似于现在的行政区划。

那个年代，日本各藩之间战争不断，被现在的日本人称为"战国时代"。

织田信长是一个很伟大的将领。他打败了众多强敌，取得了多个藩国的统治权。但在即将统一日本时，他死了。

那么，想要像信长一样打败很多敌人的话，什么是最必要的呢？

更好的武器？厉害的武将？强大的军队？这些都非常重要，而且都是越多越好。

但是，有一样比这些还要重要的东西。是什么呢？

理财意识超前

哇，哈，哈——

没错，是钱。

雇佣兵士需要钱，置办军粮需要钱，买马和兵器也需要钱。想要和别国作战，首先要赢得与钱的战争才行。

赢得与钱的战争，就是赚到比别国更多的钱。

也就是说，正因为信长赢得了与钱的战争，才能走到即将统一日本这一步。

时代的话

信长很喜欢新事物，传说他的房间里摆满了来自各国的东西。他很喜欢黑人，还将他们纳入门下。此外，他还给了作为奴隶来日本的外国人工资和合法身份等。通过这些，我们可以看出信长并不在乎出身、肤色或是眼睛的颜色，而是平等地对待每一个人。

你好呀！我是金钱之神。也许你不相信，但我真的是神哟。

你想知道关于信长的故事吗？就让我来讲讲吧。

实际上，在日本战国时代，没有谁像信长那样重视我。下面就让我来介绍一下信长做的与我有关的事情吧。

① 买卖自由

信长施行的一项著名政策，是"乐市乐座"。意思就是"在这个市场，可以自由地进行买卖，不收税，也可以自主定价。织田家并不会设任何条条框框，所以，都来做买卖吧！"

通过开设乐市乐座，日本的商人都聚集到了信长的国家。商人们带来了各种各样的商品，当然也有在战场上用得着的东西。这样，军队就可以轻松地买到这些东西，经济也得到了发展。

现在在日本买东西是要缴纳消费税的。所以像信长这样完全不收税的做法，在现在的日本人看来也是很新颖的呢。

乐市乐座这一政策，其实很多日本战国武将都实施过，但是他们都没有做到像信长这样大的规模。

② 税金折扣

现在日本说的"税金"，在那个时代被叫作"年贡"。这是个多少会令人叹气的东西。不过要是没有税金的话，也会产生很多问题。

在信长的国家生活的人，需要交的税额只是收入的 3 成。也就是说，如果赚了 100 万，只需要交 30 万。

嗯？你说交太多了？但是，在战争频起的当时，3 成的税额已经是非常少的了。听说其他藩国都收 6 成或 7 成呢。

乐市乐座不仅可以让商人赚到更多的钱，也可以让更多人聚集过来。而且，因为税金低，他们也愿意留在信长的国家生活。虽然税金低，但因为人越来越多，国家收到的钱也越来越多。所以，信长的钱也越来越多。

不过，当时也有很多想要用各种手段从农民手中收税的恶官。信长改变了国家的制度，把这些恶官都撤了职。

③ 取消关所

织田信长还有一项很大的举措，就是取消关所。"关所"是指建在藩国和藩国之间的门。当时的日本，不仅藩国之间会设置关所，拥有大量土地的人也会擅自设置关所，让来往的人缴纳过路费。

信长把自己国家的关所全部取消了。这一举措在当时是非常伟大的。这样，人们就可以更自由地去信长的国家了。

④ 铸造硬币

当时日本使用的是中国造的铜币,也就是"铜钱",而且只用一种类型——用现在的钱币来衡量的话,相当于10日元的硬币。也就是说,如果想买500日元的东西,就需要用50个铜币来支付,非常麻烦。

于是,信长打造了金币和银币,相当于现在10000日元和1000日元的纸币。这一举措获得了商人们的认可,买卖变得更加方便,经济也得到了发展。信长获得的税金也就增加了。

⑤ 治安投资

后来,信长开始为治安投资。如果国家治安不好的话,是无法留住居民的。他最先做的是修路,因为又窄又暗的路太容易埋伏盗贼了。此外,有很多离国境比较近的村落容易被袭击。信长制定了向这些村落收取费用,派专人去镇守的政策。

可以安心居住的国家会吸引更多居民。人越多,金钱也越多。没错,信长赚到了更多的钱。

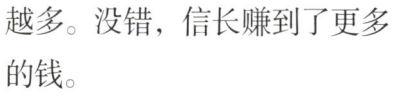

理财意识超前

　　为了赚钱，信长做了各种各样的事情。可以说，信长真的非常爱我啊。

　　我也很喜欢爱我的人。我和信长，就是这样的关系。

　　我们的爱也关系着很多人的幸福。较低的税金和便利的商贸令住在信长国家的人们非常快乐。

　　没错。信长是个很善良的人。

　　提起信长，很多人对他的印象就是一个武将。但其实他做的很多事情，一直传承至后世。

　　比如统一日本的丰臣秀吉所实行的"太阁检地"政策（指日本全国均使用统一的方法来执行、整理以前复杂的土地拥有权，更新土地制度的政策——译者注），最初就是信长提出的。

　　还有德川家康时期的江户城市布局，也是参考了信长的城市布局。

　　很多人都认为，信长是任性、仓促且强势地推行日本统一的。但事实上，他一步一步、具体地做了很多让日本变得越来越好的事情。

　　然而，也有人认为信长的这些举措是不好的。他们是讨厌信长的人，即拥有"既得利益"的富人们。

他们在之前的政策中处于优势地位，获得了很多好处，所以他们认为"一直都是这样，没必要做任何改变"。我们称这样的人为"老顽固"。

这些人从过去的政策中获得了很多好处，如果政策改变，他们的利益就会受损，所以他们并不赞成改变。但信长没有把当时的这一常识放在眼里。他针对寺庙等拥有"既得利益"的场所，颁布了"撰钱令"。

"撰钱令"是一项禁止"劣质钱"流通的法令。当时在日本主要流通的是铜制的钱币，但也混入了很多用其他金属制造的质量较差的假币，也就是"劣质钱"。

这种劣质钱是无法和别国进行交易的，很令国家头疼。所以，信长颁布"撰钱令"，想要严格禁止这种钱的流通。

我们可以想象一下，当我们打开钱包，却被告知"这个和这个都是假钱，已经不能用了"时，我们会是什么心情呢？一定会觉得蒙受了损失吧。而且，当时越是有钱的人，持有的劣质钱越多。"撰钱令"颁布后，他们的损失也就越大。所以，他们站在了信长的对立面。

其中，反对声音最大的，是靠放贷赚取了巨额财富的比叡山延历寺。不过，信长最终放火烧光了这座寺庙。哎，也是做得太过火了……

想要改变存续已久的规则，就一定会出现反对的人。所以，这需要很长的时间。

最终，在即将实现日本统一时，信长被部下明智光秀杀害了……信长明明还很年轻啊……

理财意识超前

太超前啦一

人生五十年

时代的话

　　明智光秀杀害织田信长的事件被称为"本能寺之变"。要说明智光秀杀他的原因，我也不知道。不过，这一年恰逢公历在日本推行，这对我来说是件很开心的事。要是我说"本能寺之变"发生在日本天正十年，你一定会觉得很迷茫吧？但如果说1582年的话，你就会立刻想到"是大约440年前啊"。

就这样，信长去世了。在那之后，虽然德川家康统一日本，建立了江户幕府，但最终还是败给了"既得利益者"。

现在也是一样，拥有既得利益的人依然非常多。多到随意扔出一块石头，就能砸到一两个的程度。

当大家都认为"这样的话一定会更好"，却有人以"规则不允许""以前没有这种先例"为由而反对时，也许就是损害了反对者的既得利益吧。但这是没办法的事情，有句老话叫"权力就意味着腐败"。

如果同一种权力一直持续的话，那么它的某处一定是腐坏的。

信长的时代也一样充满了腐败。但信长通过实施一系列超前的改革，实现了很多改变。

你问如果想改变腐朽落后的制度，应该怎样做？嗯，首先请保持自己的超前想法不改变吧。

有传言说，信长曾说过一句名言：

"怀抱理想，为信念而生。"

我倒是没有听过这句话，不知道他究竟有没有说过。但我认为，为实现理想中的世界而坚持自我，不断努力地生活，真的非常棒。

理财意识超前

嗯……可能也有人会想：我怎么可能做这种厉害的事情呢？

不过，你知道吗，信长小时候，常常被说成是"愚童"呢，也就是我们现在说的"笨蛋""傻瓜"。

实际上，无论什么时候，改变时代的总是像信长这样的"傻瓜"。

"傻瓜"可是很厉害的哟！

如果不自视甚高，常怀"我本来就不聪明"的想法，那么即使失败，也能很坦然地面对了吧？这样一来，反而能不断坚持挑战了呢。

挑战了各种各样的事情之后，就能自然而然地学到很多知识和经验。

而且，努力的人总是更受欢迎。渐渐地，身边就会聚集一些志同道合之人。

了解各种各样的事情，拥有很多经验，身边还有愿意帮助自己的人——这样的人，肯定能做成很厉害的事情吧。

我很喜欢这样的人呢，因为他们并不是为了自己而使用金钱，而是为了世界。

所以，如果你认为自己可能事无成的话，那么不如干脆劝自己说"我是个傻瓜"，然后去多挑战几次吧。

想要拥有充实的人生，最重要的就是多挑战！好了，我讲完了，再见。

天才战记 II

第4回合 战斗
VS 朋友与同伴军团

咦，你没有这件衣服吗？

流行，就是世界公认的价值观。因此，如果想要推行一个新事物，把它定义成流行的话，推行起来就会容易很多。追赶流行，也会让人比较安心，所以对于容易感到不安的人来说，流行也是生存的武器之一。但是，有时人们会使用这一武器来攻击别人，比如看不起不追赶流行的人。不过，就算遭遇了攻击，也没有必要与他们开战，因为流行总会改变。所以，被推荐什么东西的时候，回复"嗯嗯"，简单地转移话题就可以了。过段时间，他们就会自然而然地失去兴趣。

呼

下一个流行的会是什么呢？

激烈的战斗并没有结束。是的，也许一生都不会结束。

必赢妙招：顺其自然

第 5 回合 战斗
VS 最强之敌——自己

开始做一件事时,一定会出现的敌人,就是自己。人们越是思考,越是努力,就会越期待,越不安。尤其是年龄比较小、没有太多经验的人,他们更加容易感到不安,甚至会暂时被不安击败。但是,随着不断努力、不断积累成果,就会总结出成功的经验了。我们一生都将与"自己"这一敌人战斗。但正因为有这个敌人,人生才充满乐趣。如果这个敌人没有出现,那么就需要注意了。这是停滞不前的象征,一定要小心!失败了也没关系,这样想的话,就不难战胜自己了。趁现在多多积累失败的经验吧,这些经验会成为你以后人生中一笔巨大的财富。

必赢妙招: 思考

天才战记 外传

就这样，很多人在一次次战斗中崩溃，就此消沉下去。但是，这些曾是天才的人，就这样结束战斗了吗？

不。还远未结束。甚至可以说，失败过一次后，天才才会更加迅速地成长。

大多数人会认为，所谓天才，就像下面这张图一样，是有着出类拔萃的才能的人。

才能

绝不可能军团
实现梦想？不可能，不可能！

年龄歧视军团
不过是个年轻人而已！

强迫学习军团
习题 试卷

小事化大军团
不是道歉就能解决问题！

另一条路

的确，无论是谁都会认为，能做到他人做不到的事情的人，一定有着巨大的才能。

然而，天才们知道，自己的才能最初并没有这样巨大。

也就是说，所谓才能，最初只不过是一个像小石头一样的东西，就算天才也是一样。不过，他们一直小心翼翼地培育他们的才能，才最终成了天才。

大多数天才都曾经遭遇过失败。而且，还会遭遇很多很多我在这里没有介绍到的"敌人"。

但正因为遭遇了失败，才能学到更多。所以，就算失败了也无所谓，微笑面对就好了。

没关系。一次、两次，不，三次、四次……就算失败一千次、一万次，才能也不会消散。

所以，给才能提供养分吧。去思考遭遇失败的话应该如何应对，这是给才能的最好的养分。然后，通过一次次的小成功，一点一滴地积累自信，才能也会随之进一步增长。

才能因失败而增长。如果你能记住这一点，那么你离被人称为天才的那一天，也就不远了。

天才之书

收集数据超前

【人物】格雷戈尔·孟德尔（1822—1884年）
【出生地】奥地利帝国 【他是做什么的？】神父、遗传学家

人物 格雷戈尔·孟德尔

常识 解剖现有的东西就行了。

非常识 从零开始培育、收集数据。

制片人：喂，请把这个处理一下，明天早上做完。

编导：啊，好，我这就做。

（纪录片《超前的天才》）

唉……这种生活要持续到什么时候啊？每天都在做同样的事情……

收集数据超前

1 1884年1月6日,一个男人逝世了。他的名字叫格雷戈尔·孟德尔。

他是修道院的院长。在修道院,人们为神而祈祷,为神而工作。

2 在很久很久以后,人们称孟德尔为伟人。

但在他逝世的这一天,并没有人知道,他会成为伟人。

3 21岁便进入修道院的孟德尔,并不是非常优秀。

他尤其不擅长一项重要工作,就是看护重病的病人。每当看到这些人,他的内心就会非常痛苦。

4 当时的院长非常照顾孟德尔,让他去担任学校的老师。这也是修道院的工作之一。

5 孟德尔一直学习很好,教学方法也很棒,而且对学生非常有耐心,所以,他成了非常受欢迎的老师。

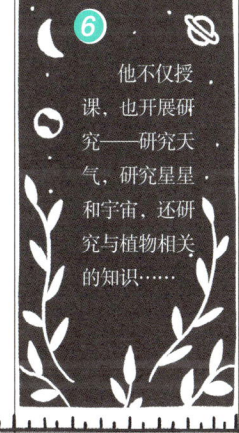

6 他不仅授课,也开展研究——研究天气,研究星星和宇宙,还研究与植物相关的知识……

7 孟德尔对工作和研究的热情获得了大家的认可,1868年,46岁的他成为修道院院长。

作为修道院的负责人,他也开始参与政治和经济等领域的工作。

8 他的工作取得了很多成果。报道孟德尔逝世消息的报纸这样写道:

9 "他的逝世使贫苦的人失去了恩人,使人类失去了一个高洁的灵魂。"

10 高洁的灵魂,是指完全没有坏心思的人。

从报纸的报道可以看出,孟德尔被很多人敬仰着。

11 这是当时的人们对孟德尔的印象。但是,那时人们了解的孟德尔,只是他的一部分而已。

12 孟德尔去世前已经做出了对后世影响很大的研究成果。但当时并没有人知道。

大家一定听过"遗传"这个词吧？

遗传，是指父母将一些特质传给孩子的现象。

用血型来解释的话会比较简单，所以我就用血型来说明吧。

人类常见的血型有A、B、AB、O四种，每种血型中都含有两种抗原。孩子的血型会从父母的血型中各取一种抗原，组合成新的血型。

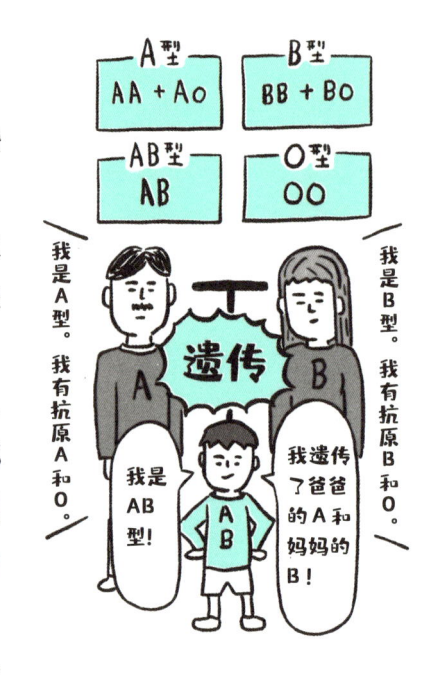

实际的遗传会更复杂一些，上面说的只是遗传的大致方式。另外，这种遗传方式不仅人类有，雌雄异体的动物和植物也有。

那么，这种遗传方式是谁发现的呢？没错，就是那位伟大的修道院院长——孟德尔。

孟德尔也研究气象学和天文学等，但他最感兴趣的还是遗传学。最初是因为有人拜托他培育出更好吃的葡萄，所以他开始了品种改良试验。而实现品种改良，则需要遗传知识。

就这样，孟德尔开始投身于遗传学研究。

他首先注意到的是一种植物，就是我们常吃的一种绿色豆子——豌豆。

收集数据超前

豌豆花的颜色和豆子的形状可以鲜明地分成两种性质，所以豌豆是非常适合遗传学研究的生物。

孟德尔对豌豆的生长进行了非常严格的管理。他研究了豌豆花的各种颜色和豆子的各种形状，然后用不同组合规律对豌豆进行授粉，再对培育出的豌豆进行研究。

这一研究持续了 8 年。据说在这期间，孟德尔在修道院的后院培育了 25000 株豌豆。

正因为积累了这样庞大的数据资料库，他总结出了三大定律，那就是"显性定律""分离定律"和"自由组合定律"。

这些定律被称为"孟德尔基本定律"或"孟德尔遗传定律"，是遗传学中最基本的定律。

现在的学校依然会教授这三大定律。在这里我就不多讲了，大家可以期待以后学到这些定律的日子。

孟德尔把这些遗传学的发现总结为《植物杂交试验》，在 1865 年的一场演讲会上公布，但当时并未引起人们的重视。

为什么没有引起人们的重视呢？答案当然是——

太超前了啊!

究竟什么太超前了呢？当然是孟德尔的做法。他的做法在当时是超出常识的。

当时的生物学，需要通过实际做生物解剖来研究，这是常识。但孟德尔的研究成果是通过培育豌豆获得大量数据，再总结而成的。

这种方法叫作"统计学"，是一种数学方法。当时并没有人想到可以把生物学和数学结合起来，这种方法自然会被认为是超出常识的。所以，使用数学方法总结出的生物学定律，在当时并没有引起人们的重视。

当时也有一些人在开展遗传学研究，但遗传学的基本理论尚不明确。研究者各自发表研究成果，因此有很多不同的学说。孟德尔的研究成果，在当时只被认为是众多学说中平凡的一种而已。

孟德尔还把自己的论文邮寄给了欧洲著名的植物学家，但两个月后才等来回复，而且对方没有提到任何和实验内容相关的信息。

就这样，一项世纪大发现并没有获得世人的肯定。在发表学说19年后的1884年，孟德尔以"修道院院长"的身份，离开了这个世界。

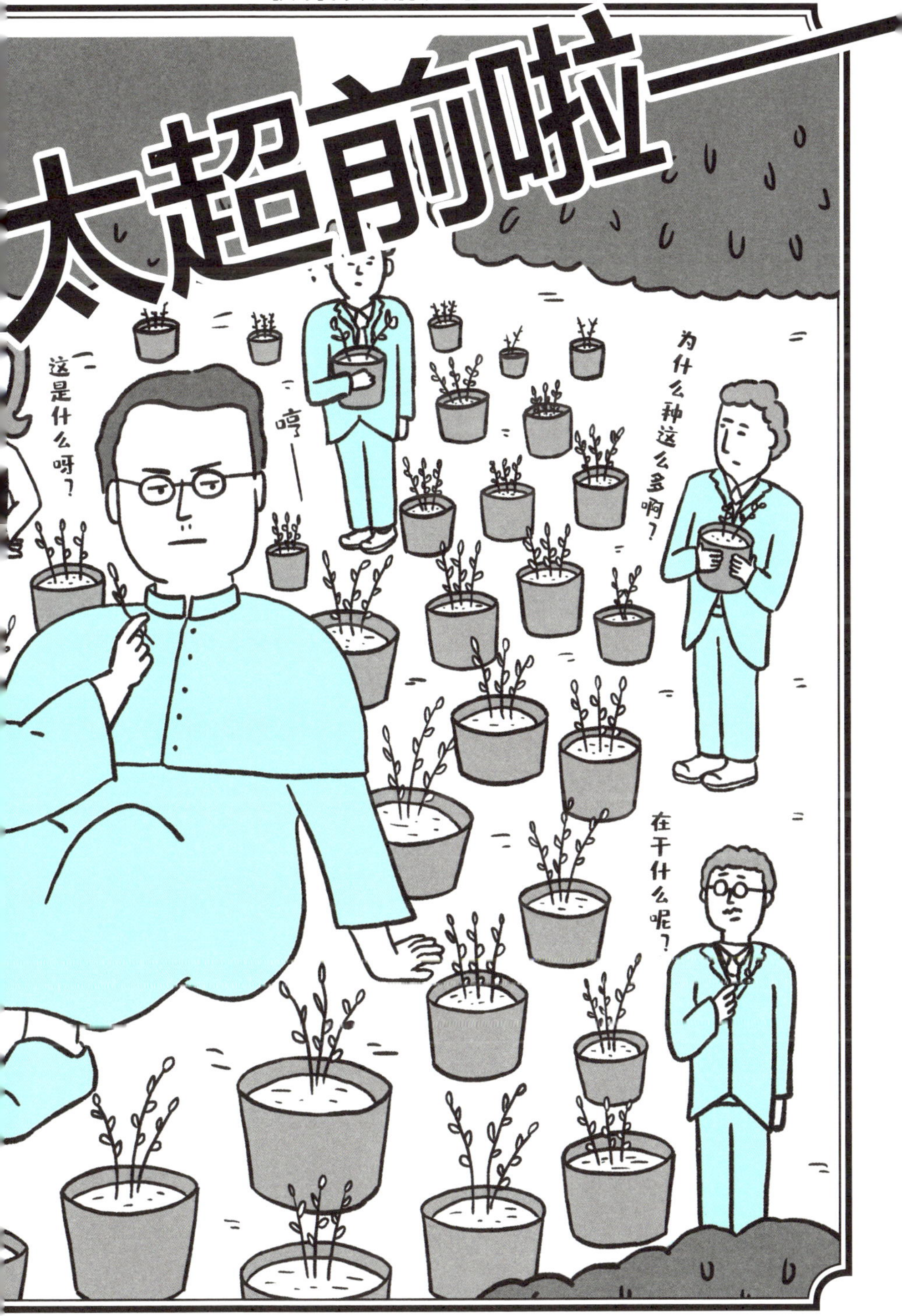
太超前啦——
这是什么呀？
哼——
为什么种这么多啊？
在干什么呢？

孟德尔的学说再次被提及，是1900年的事情了。这时距孟德尔逝世，已经过去了16年。

荷兰植物学家雨果·德弗里斯进行了与孟德尔遗传学实验相似的实验。他在论文中，这样写道：

"孟德尔在豌豆实验中发现的分离定律，广泛适用于植物界。"

就这样，孟德尔提出的定律被论证了。它的正确性在学者间引起了很大的反响。

你一定想问：为什么过了这么久，孟德尔的定律才得到论证呢？原因是：受限于生物学的发展。

随着时代的发展，生物学技术得到了更新，不再像以前那样需要通过解剖、观察来开展研究。在那个时候，人们已经可以研究一个个构成生物的细胞，甚至弄清楚了细胞的结构，开始研究细胞中的细胞核。所谓细胞核，简单来说就是遗传基因的容器。

当然，人们一开始并不清楚细胞核中都有些什么。但随着研究的深入，人们发现："咦，它们是不是和遗传有关？"

于是，更多生物学家开始研究遗传学。在他们中，陆续有人得出了与孟德尔的定律相同的结果。除了前面提到的雨果·德弗里斯，还有好几位生物学家也是如此。

他们当时一定是觉得非常惊讶吧？

收集数据超前

毕竟孟德尔的遗传定律论文写于 1866 年，也就是说，他们的研究结果在 34 年前就被人发现了。

而且，这些人都是生物学领域的专家，比孟德尔知名得多。因为他们的论文，孟德尔的名字开始被人熟知。孟德尔终于作为"遗传学之父"，被世界承认了。

时代的话

说起来，孟德尔生前也获得过科学界的认可，那就是他撰写的气象学论文。他每天测量 3 次气温、风向和云量，并将其与近 15 年的平均值进行对比——之前从未有人用过这种与平均值进行对比的方法。在他发表这篇论文后，他所居住的地区就开始使用这种方法进行气象观测了。现在我们常常可以在天气预报中听到类似"今年的气温比往年高"的说法，说不定这也是起源于孟德尔的论文呢。

就这样，孟德尔的发现在他去世 16 年后，终于被世界认可了。

遗传，是指父母的特征传递给孩子的现象。遗传这件事早在距今 6000 年前，就已经被人类发现了。

但遗传究竟有怎样的规律呢？关于这一点，就像钟表的指针停止了一样，在 5800 多年中，人类一直没有找到答案。

然而，停止的指针被孟德尔修好了。不过，让指针动起来，又花费了 34 年……

指针的转动不会再次停止。遗传的世界经历了遗传基因的发现、遗传基因的解析，现在，人们已经可以将基因重组，甚至可以成功克隆生物了。而且，人们还发现了可以用于医疗的 iPS 细胞。遗传和遗传基因的研究已经成为生物学非常重要的一部分。

但开启了这一切的孟德尔，却"默默无闻"地离开了这个世界。那么，孟德尔对自己的发现，不，对自己的人生有怎样的看法呢？让我来介绍一下他生前说过的话吧：

"虽然我的一生充满苦难，但自然科学使我实现了心灵的满足。"

他还说了这样的话：

在不久的将来，

这个世界

一定会

认可我——

天才之书

审美超前

【人物】文森特·凡·高（1853—1890年）
【出生地】荷兰 【他是做什么的？】画家

常识 绘画就应该优美。

非常识 艺术没有『应不应该』。

接待室想装饰几幅画。

我买了哟，花了5亿多人民币。

嗯？你问是谁的画？嗯……是叫凡·高吧？对，那个著名的法国画家。啊？不是法国吗？无所谓啦。

哦，我明白你想说什么了。太贵了，是吧？5亿人民币，早就超过绘画应有的价值了。所以说，它们既是画，也不是画。

审美超前

嗯？你问这是什么意思？

我们可以用钱交换其他物品，来保证钱不贬值。如果物品升值了，我们还可以卖掉来赚钱。这就叫"投资"。像我这样的有钱人都在做投资啊，哈哈哈。

嗯——不知道为什么，每次看这几幅画时，我的心情都难以平静。

凡·高吗？来稍微了解一下这个画家吧。来人，查一查凡·高的资料。

时代的话

关于凡·高，最有名的就是他割掉自己耳朵的故事。这件事发生在和他一起生活的画家高更离开他之后。但他并不是把耳朵整个割下来，而是割掉了三分之一左右。不过，这也很可怕了。后来，他把割下来的耳朵送给了一位女性，因此被认为有精神疾病，被送入了疗养院。

人物 文森特·凡·高

1. 凡·高，全名文森特·威廉·凡·高，生于荷兰的一个牧师家庭，是兄弟五人中的老大。据说，他从小脾气暴躁，很难相处。

2. 凡·高 16 岁开始在画廊卖画。但他讨厌唯利是图的行径，总是表现出不耐烦的态度。所以他虽然卖了很多年画，但最终还是被解雇了。

3. 23 岁时，他向女生表白被拒绝后，成了基督教的狂热信徒。他非常想成为一名传教士，但没能成功。后来，他在 27 岁时正式进入绘画的世界。

4. 想要做一件事，无论什么时候开始都不晚。弟弟提奥给凡·高提供生活费，让凡·高专心投入创作。凡·高不断地创作，在他十几年的绘画生涯中，一共画了 1000 多幅画。

嗯？你说他画了那么多的画，但在他活着的时候一幅都没卖出去？这是为什么呢？现在他的画明明那么值钱啊……

120

画也是有潮流的。当时流行"印象派"。简单来讲，印象派绘画就是用之前从未有人用过的光影形式来作画的方法。因为光不同，同样的风景看起来也会不同。

然而，该流派的画一开始也是不被人接受的。"印象派"这一名称，最初也是带有贬义的。

可凡·高却一直在默默地专心探索自己独有的绘画方式。最初，他的画大多是反映穷人的生活的，但在学习印象派和日本浮世绘的过程中，他的绘画方式得到了升华。渐渐地，他创造出了独特的色彩运用方法和笔法，也就是"凡·高式风格"。

因此，凡·高的画得到了一些认同这种"追求自我"风格的画家和欣赏者的认可，比如经常照顾年轻画家的画材店老板。据说，凡·高曾多次用自己的画向他换颜料和画笔。

但是，包括凡·高在内的很多新时代的画家，他们的画并不能让更多人，尤其是会花钱买画的人看到。因为他们的画过于创新了。

当时，大多数画家都在创作受欢迎的印象派画作，也就是符合常识的好卖的画作。但凡·高并没有去追赶潮流，而是一个人孤单地追求着表现自我。

作为艺术家，这是非常伟大的。但他的画作在当时确实无人问津。

我们当然明白，并不是东西好人们就会买。畅销的秘诀并不是质量，而是找到市场。

比如说，一个非常非常渴，马上就要渴死了的人，哪怕需要花光他身上所有的钱，他也会买水喝，即使水中混着杂质。

相反地，如果是一点儿也不渴的人，那就算免费，他也不一定会买水。

简单来解释的话，买卖就是这么一回事。

还有，用广告和宣传让人认为"自己好渴啊"，也是一件非常重要的事情。

哎呀，不知不觉就讲了太多我对买卖的理解。总之就是，当时很流行的印象派画作肯定有它的卖点。你看，那儿写着呢。

审美超前

当时已经出现了像现在这样的高级公寓，有钱人开始陆续搬到高级公寓里生活。与普通的住房相比，这种公寓的窗户更少，在家中装饰表现光的艺术的印象派画作，可以让人有家中的窗户变多了的感觉。因此，才有很多人买印象派画作。在绘画交易市场，印象派的画也变得越来越多。

原来如此。这是很聪明的销售方法啊。强调房屋的窗户少，让人意识到自己的房子，尤其是花了大价钱买的房子光线不足，让人觉得遗憾。这就是刚刚我说的"用广告和宣传让人觉得渴"。

实际上，凡·高的弟弟提奥也是靠售卖印象派画作，才能给凡·高提供生活费的。

但也正是因为印象派的热潮，像凡·高这样坚持自己的色彩和笔触的画家，才迟迟无法等来机会。

原来，这几幅画是在孤独中创作出来的呀……

也许是不想再这样孤独下去，凡·高开始与其他画家交流。为了和其他画家更方便地相聚，他租下了位于普罗旺斯阿尔勒的一间房子。虽然凡·高理想化地创造了这样的条件，但只有高更来与他同住，而高更也很快就与他分道扬镳。理想破灭的凡·高只能与孤独为伴，继续他的创作。

然而，时代在不断变化。这一变化在1890年左右来到凡·高身边。

自这一年年初起，凡·高的名字开始被绘画界熟知，杂志上也开始出现夸赞凡·高画作的文章。

也是这一年，凡·高第一次在画展上卖出了自己的画。

终于，凡·高的时代来临了。他的画作得到了时代的青睐。

但这一年，凡·高去世了。

自他开始绘画，仅过去了10年。他不知疲倦地创作了一幅幅画作，时代终于追上了他的脚步，但死神也在同一时间来访了。

在凡·高去世的第二年，很多画展都展出了他的画。他的名气一下子变大了。

直到130年后的今天，他依然是一位非常有名的画家。

嗯……凡·高是超前的。他只超前了一点点。

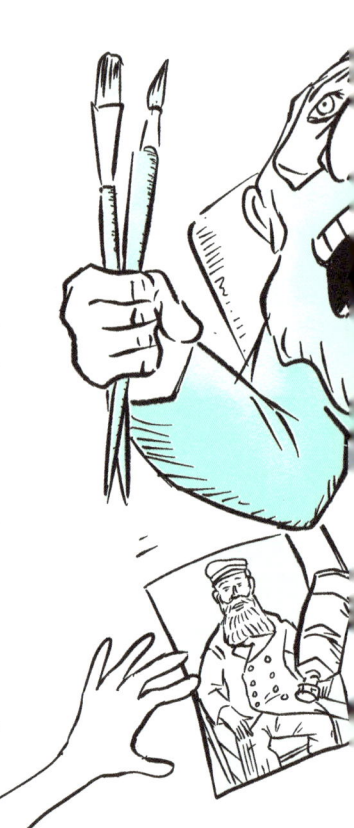

太超前啦——

审美超前

时代的话

关于凡·高的死，有人说是自杀，有人说是事故。凡·高是在长着很高的草的地方去世的，所以我也不知道当时是怎样的情况。但那时弟弟提奥的孩子刚出生，提奥无暇顾及凡·高。凡·高开始为金钱而苦恼，精神状态也越来越糟糕……算了，不说了，不知道情况的人，不应该轻易谈论他人的死因。

虽然凡·高学习了印象派，但他并没有盲从，而是坚持追求自己的风格。当时代终于追上他的脚步时，凡·高却踏上了另一段"旅途"。与凡·高共同生活过的高更，在那之后也成了著名的画家。

　　直到现在，凡·高的作品依然能打动很多人的心。毕竟对绘画并不了解的我，也被凡·高的画深深地吸引了啊。

审美超前

〇月 ×日

突然有些想写日记了。想把不好意思说出口、也无法对任何人说的的心情记录在这里。

看到凡·高的画时，我感受到了强烈的孤独。

那不是凡·高的孤独，而是我的孤独。不，确切地说，是被凡·高的孤独引出的，我的孤独。

我的身边总是有很多人。但他们接近我，并不是因为我这个人，而是因为我的钱。在很久以前，我就明白了这一点，可我并不在乎，一直无视这件事。但因为凡·高的画，我又再次意识到了这一点。

所以，虽然有些羞于写下来，但我现在真的很孤独。一直以来我只是为了赚钱而活，从没想过自己的人生能有怎样的意义。

但这次我接触到了真正的艺术，我意识到了将隐藏的心愿和长年的孤独释放出来的力量。如果对我来说未来有什么东西是必要的，那就是艺术了。

艺术是什么呢？是能经得起时间考验的东西吧。不仅是绘画、音乐、电影、小说，任何作品都可以称为艺术。

鉴赏名画、阅读名著、聆听名曲，我想去了解这些艺术，怀着敬畏之心地进行艺术作品的买卖。这是我在以后的经商之路中一定要做的事情。

好卖并不代表优秀，能深深打动人心的才是优秀作品。我想把这种价值观输入国内的市场。如果行得通的话，那么它一定也适用于国外的市场。当然，这也是为了我自己。如果能成功的话，我心中的孤独感也会消退吧。我觉得一定会的。

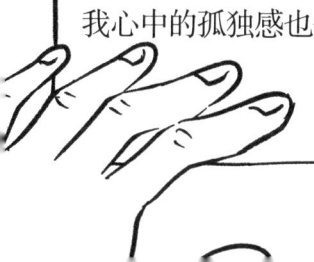

漫画

普通的普通人！

唉……
喜欢的东西是大家都喜欢的
我也想要！
人气小熊玩偶
哇！
哇！
学习普普通通
这次考试的平均分是70分。
70
普通人的烦恼
运动普普通通
1
2
3
4
反正像我这样的人，只能普普通通地遵循常识生活吧……
为什么我这么普通呢？
捏
算了，睡觉！
呼噜……
喂，普通是那么不好的事情吗？
?
这里，这里。
啊？是谁？
呜—
抱紧
唰
嘿，你好呀！
转身

哎！
你怎么说话了？
终于起来了啊。
嗖——
我是小熊玩偶，当然能说话。
你不是正在因为普通而烦恼吗？
是……是这样的吗？
好疼——
你觉得普通是什么呢？
嗯，嗯。是的。
普通
普通就是我这样啊。
失落
考试成绩普通，运动普通，就算演话剧，也通常是演普通的村民。和大家一样，我也喜欢班里的“红人”。我没有任何特长和特点。所以，我以后也一定会普普通通地生活，听老师的话，遵循常识……
唉——
呜……
啊，等一等——
也就是说，你觉得自己做什么都很普通，没有特点？
压力山大
呼呼——
是的。我很普通，是普通的普通人。
嗯——没别的办法了……
就那样做吧！
嘭——

等等我！
唰
咦？这是哪里？
是离地球很远的有生命的星球。
为什么你能带我来这里啊？
嗯？因为我是小熊啊。当然能做到了！
好了，你快看。
喂，快看那个人！
啊，太特别了！
搭个话试试吧？
吵闹
好可怕！
吵闹
你看，你不普通了吧。
嗯——那当然了，因为我是另一个星球的人啊。
星球和时代不同的话，谁看起来都会奇怪吧！
那么，如果星球和时代相同的话，人和人就没什么差别了吧？
不是啊。学霸很擅长学习，
学霸
运动健将
运动健将跑得很快。
他们就不普通啊。
原来如此，是这么一回事啊。
那就只有这么做了……
嘭——
运动健将和学霸的脑海
超严格补习班
又考了普通的成绩啊！
失落
想要变得更好。讨厌普通！

就是这么一回事。
咦？
运动健将和学霸的脑海
所以没必要为了普通而烦恼。
其实啊，普通人认为很厉害的人，也会认为自己是个普通人哟。
但是，一想到自己很普通，还是很难过。
是吗？那样的话……
啪！
普通人的班级里会有人学国际象棋吗？
我觉得应该没有吧。
将军！
那么，如果学国际象棋的话，就会有“会国际象棋”这个特长了吧？
嗯……但那不就只是“会”而已吗？也没有很擅长，一点儿也不厉害啊。
那样的话，就和这个一样了哟。
将军！
真的啊……
啊！
运动健将和学霸的脑海
超严格！补习班
又考了普通的成绩啊！
失落
想要变得更好。讨厌普通！
但是，学国际象棋，会不会太显眼了？
大家都不会啊……
那样的话，学画画或唱歌这种不太显眼的就可以了吧？
如果想达到在班里脱颖而出的水平，稍微做一点点努力就可以了。
很会学习和很会跑步的人，也都在努力学习和运动吧？
努力啊——
如果喜欢的话，就自然而然会去努力了。也不会觉得很痛苦。
确实。

啊，还有性格普通也很令人难过。
性格？
嗯，如果喜欢的东西和人与其他人喜欢的一样的话，总觉得很奇怪。
流行的漫画
流行的零食
嗯？
流行的玩具
流行的游戏
流行的漫画
流行的书
流行的动画
流行的零食
嗯——我觉得那也很厉害啊……
真是收集了很多啊！
你看这个。
过来一下！
我也喜欢——
真不错！
我也喜欢——
好棒呀！
是的。
你是不喜欢这种状态吧？
哇——
哇——
普
那，如果这样呢？
唰——
普
啊
啊
啊
啊
那首歌我也喜欢！
我也想一起唱！
太棒了！
嗯。那这有什么厉害的呢？
就会变成这样。
哇——
普通公司
假设我们长大了，去了一家开发商品的公司。
嗯
小普通，这次我们要在这些样品中选出新商品哟。
我最喜欢这个——
长大了的普通人
新商品发售后……
只有孔的甜甜圈
超人气只有孔的甜甜圈
超受欢迎！
只有孔的甜甜圈是什么？
真是厉害的人啊！
小普通选的商品又成为畅销品了呢！

小普通，也请帮我选一下！
哇！
果然，小普通有着能抓住客人的心的能力啊。
嗯，未来可能会变成这样哟。
原来如此。
是啊！那么，我就这样一直普通也没关系吗？
所以，普通也许意外地是最强的武器呢。
普通
因为你了解大部分人的想法。
嗯。还要从各种地方学习知识。
如果能做到这一点，
就算你依然觉得自己很普通，但在别人眼中，你一定不再普通了哟。
明白啦！我不会再为普通而苦恼了！
普通
嗯。那就好。
丁零零
啪
原来是梦啊。
是这样啊……

天才之书

离世超前

【人物】知里幸惠（1903—1922 年）
【出生地】日本 【她是做什么的？】作家

常识 文化总会消亡。

非常识 文化可以永存。

呼——今天也给了人们很多馈赠呢。

什么，你问我是谁？我是大地啊。就是大家脚下的那个大地。更准确地说，我叫"北海道"。

与其他大地相比，我觉得自己是很努力的呢。因为以我的力量，产出了北海道人口两倍的食物，是土地生产率 200% 的大地哟。

怎么样，很厉害吧？虽然我每天都在愉快地工作，但可能是因为上了年纪吧，最近，我老是回忆起一段令我觉得很幸福的时光。那是在这里生活的"阿伊努人"仍与自然为伴的时代。

离世超前

你知道阿伊努人吗？他们从 700 年前起就生活在日本了。

他们的生活很精彩。与自己种植作物的农耕民族不同，他们是狩猎动物、采摘植物的狩猎－采集民族。

可以说，他们只能依靠我的馈赠为生，而且还是在极寒之地。真的很厉害啊！

最令我感到高兴的，是他们对自然的感恩之心。

日本人自古以来就信仰神，阿伊努人也信仰神，而且他们的很多神都与日本传统的不同。就连被捕捉来作为食物的动物也是他们的神。在阿伊努语中，神被称为"kamui"，而熊是 kimunkamui，鲑鱼是 kamuiche。

也许有人会想："他们吃神吗？"嗯，没错，他们吃。

北国的极寒令人不能忽视任何可以作为食物的东西，但他们吃的只是"神"的肉体，并没有吃掉"神"的灵魂。所以，他们会举行把这些动物的灵魂送往神之国度的仪式。

阿伊努语和日语是不同的。你知道吗？北海道有很多奇怪的地名。比如兴部（okoppe）、长万部（oshamanbe）、网走（abashiri）、厚岸（akkeshi）……这些地名原本都是阿伊努语，给阿伊努语的发音硬套上汉字，就写成这样了。

要说阿伊努语最大的特征是什么，那就是它没有对应的文字。很厉害吧？没有文字，就无法将其记录下来，无法给后世的人留下任何重要的线索。但是，他们留下了比日本人更多的历史和故事。

那么，我要提问了。

阿伊努人是怎样留下历史和故事的呢？

好好想一想吧。思考时间，开始！

咔哒，咔哒……

好了，接下来公布正确答案……

正确答案就是：唱歌！

用歌声来讲述历史、传递故事，用歌声来描绘有趣的事。用这种方式，阿伊努人把重要的事情一代代地传递下去。此外，阿伊努的男性也会用即兴说唱的方式来向女性做自我介绍，创造交往的契机。

没错，阿伊努人不仅热爱自然，也热爱唱歌。

银色水滴

纷纷落下

在身边

离世超前

所以，到了晚上，就会听到不知从哪里传来的美妙而神秘的歌声。

我总是听着这些歌声入睡。那个时候，每天都很幸福啊！

在几乎可以冻结一切的严寒中，阿伊努人不断积累智慧，怀着对大自然的感恩之心，和伙伴们一起用歌声和舞蹈传递着历史。在严酷的大自然中，他们精彩地生活着。这就是阿伊努人，他们的文化和日本的完全不同。

阿伊努人这样的生活一直持续到了大约150年前——并不是很遥远的事情啊。很不可思议吧。

然而，随着日本文化渗入他们的生活，阿伊努人自身的文化渐渐消失了。

在大约150年前，我——北海道——成了日本人管理的地区。曾在这里自由地过着狩猎－采集生活的阿伊努人开始学习日语，开始了和日本人一样的生活。

这是为了保护阿伊努人——日本人一面说着冠冕堂皇的话，一面将日本人的生活方式强加给他们。这种完全不同的生活方式，破坏了阿伊努人原本拥有的美好的文化。

那时的阿伊努人一定很痛苦吧。因为，我开始听不到他们的歌声了……

那时的我一直在想：难道幸福的时光不会再有了吗？

时代的话　你知道"阿伊努"是什么意思吗？"阿伊努"即"人"的意思。这样一来，"阿伊努人"就是"人的人"的意思，很有趣吧。

还好，幸福并未一去不复返。

因为有一个天才，从阿伊努人中诞生了。

她的名字叫知里幸惠。

她是在那段令阿伊努人感到痛苦的日子里降生的。

她生来便拥有很多才能：关爱家人和朋友的善良之心、勤奋好学的聪明才智，还有将普通的语言变成闪光辞藻的写作能力。

幸惠小时候和她的姨母，也就是阿伊努人的著名歌手金成松一同生活。因此，她学会了很多阿伊努叙事歌。

幸惠很聪明，她的日语和阿伊努语说得都很好。

在她 15 岁时，从东京来了一名学者。

学者的名字叫金田一京助，他是一名语言学家。他对阿伊努语非常感兴趣，因此来拜访擅长歌唱阿伊努叙事歌的金成松。

他的到来，大大地改变了幸惠的生活。

京助很惊讶。他是为了学阿伊努叙事歌而来的，没想到遇到了一个天才。年仅 15 岁的幸惠不仅日语说得非常好，歌也唱得很好。京助非常激动，回东京后，依然和幸惠保持书信联系。在这期间，京助提出了一个请求：

"要不要试试用日语演唱阿伊努叙事歌？"

离世超前

　　虽然也曾因自己是阿伊努人而遭到排挤，但幸惠依然为身为阿伊努人而感到自豪。如果把阿伊努叙事歌译成日语的话，就可以把濒临消亡的阿伊努文化流传给后世。因此，幸惠欣然同意了京助的请求。

　　但这是非常艰难的事情。

　　因为阿伊努叙事歌不仅仅是歌曲，而且是阿伊努人代代相传的魂。所以，这不仅仅是把阿伊努语翻译成日语这样简单的事情。把阿伊努的"魂"译出来，才是关键。

　　但幸惠做到了。

　　她靠着天赐，不，是kamui（神）赐予的才能，把阿伊努的"魂"用日语表现了出来！

时代的碎

这里提到的金田一京助，曾编撰了日语教科书、日语词典，可以说是语言专家。现在，日本依然在使用他编撰的日语词典。

幸惠翻译了很多首阿伊努叙事歌,并把它们寄给了京助。在京助的回信中,写了这样令人惊讶的话:

"把幸惠写的东西出版成书吧。"

在这之前,幸惠虽然是个优等生,但也只是一个普普通通的女孩。出书这件事令她非常开心。

自那以后,幸惠不管做什么都想着出书的事情。要怎样用日语表达才更好呢?怎样才能写出更好的书呢?如果可以,她很想在金田一老师身边学习,写出优秀的书。

幸惠的愿望实现了——京助邀请她到东京进行创作。

后来,幸惠真的创作出来了一本书,就是《阿伊努神谣集》。

这本书真的很优秀。虽然是用日语写成的,但读起来会让人感觉到阿伊努人的歌声就在脑海中萦绕。美丽的歌用美丽的词汇,悲伤的歌用悲伤的词汇——幸惠把歌唱时的情绪用文字表达了出来。她创作了一本精彩的书!

但是,幸惠没有见证这本书的出版。

她本来心脏就不太好,在写完这本书的当天,她离开了这个世界。那时幸惠只有 19 岁。她离开得太早了。

离世超前

太超前啦

生死是个人的事情。因此,关于幸惠的死,别人不应该妄加评论,我很清楚这一点。虽然我很清楚,但我还是想说:

"太早了!你离开得太早了!我还想读更多你的文章,还想通过你优美的文字,聆听更多阿伊努叙事歌……呜呜……"

对不起,我过于激动了。好了,已经没事了。

因为幸惠留下的这本书,原本濒临熄灭的阿伊努文化的火种,得以保存了下来。

后来,幸惠身边的很多人也取得了关于阿伊努文化的研究成果。幸惠的两个弟弟也都成了阿伊努语的研究者,尤其是小弟弟知里真志保取得了非常大的成功,和幸惠并称为"阿伊努天才姐弟"。

和幸惠共同生活过的姨母金成松也继承了幸惠的遗志,开始用文字来记载阿伊努叙事歌。但她不太会日语,所以只是用假名来记录发音。金成松记录的阿伊努叙事歌后来也被整理成书,现在是研究阿伊努文化的重要参考资料。

幸惠的人生只有短短的19年,但这19年留下的东西却是无与伦比的。

阿伊努文化没有文字,这样的文化会随着时间的流逝从人们的记忆中消失。但是,阿伊努文化却传承了下来。是幸惠把它传承了下来,而且,在未来将永远传承下去。

离世超前

一位少女留下了文字，继承了她遗志的人们不断进行研究。所以，现在的人们才得以了解，曾经在日本有一群叫作"阿伊努"的人，他们过着和日本人完全不同的生活。

虽然现在已经没有人像曾经的阿伊努人那样生活了，但阿伊努人的后代至今依然会举行阿依努族的仪式。

所以，我非常幸福。虽然不能每天都听到阿伊努人的歌声，但只要读幸惠的书，脑海里就会回荡起那时的歌声。

我在想，阿伊努文化被日本文化吞噬，也许是因为相比之下日本文化比阿伊努文化更发达。实际上，当时的日本人也是这样认为的。但是，自那之后的150年，我一直在想，未来我们需要重视的，不正是阿伊努人那种和自然共生的文化吗？

虽然我只知道北海道的事情，但我觉得，这样的事一定在世界各地都有发生。由于文化的消逝，藏于其中的美好也随之消逝了。

所以，为了不要再有美好的文化消逝，让我们成长为不仅可以认同自己的文化，也可以认同其他文化的人吧。

时代的话

知里幸惠所写的原稿，除《阿伊努神谣集》外，还有日记和书信等，现在我们都可以很方便地读到。在日记里，她写到了在东京的生活，还有她寄宿在金田一京助家的事情。通过这些故事，可以感受到她的内心之美。如果有机会的话，请一定要读一下。

天才之书

绝望超前

【人物】弗兰兹·卡夫卡（1883—1924年）
【出生地】奥匈帝国 【他是做什么的？】作家

常识 人应该积极地生活！

非常识 在绝望中生活……

"当格里高尔·萨姆沙从烦躁不安的梦中醒来时，发现他在床上变成了一个巨大的跳蚤。"

这是奥匈帝国作家弗兰兹·卡夫卡最著名的小说《变形记》的开头。

变成跳蚤的格里高尔·萨姆沙究竟会怎么样呢？这就要大家自己去原著中寻找答案了。

《变形记》受到了很多人的青睐。虽然是小说，但篇幅很短，看得专注的话，大概用两个小时就能全部读完。

两个小时的阅读虽然轻松，然而，在读完之后，读者心中会留下沉重的东西。这本书就是如此优秀。

人物 弗兰兹·卡夫卡

绝望超前

　　创作了如此优秀作品的卡夫卡,在他活着的时候,却是默默无闻的作家。

　　25岁时他第一次在文学杂志上发表了自己的作品,之后便沉寂了一段时间。创作出他的第一本书,已经是4年后的事情了。

　　只靠写小说肯定无法养活自己,因此他去了保险公司上班。但同时,他认为"写小说是我的使命",一直在努力地创作。然而,他生了病,仅41岁便去世了。

　　在他死后,他未完成的小说开始被世人看到。渐渐地,他的作品受到了越来越多人的喜欢,现在,他被誉为"20世纪最伟大的小说家"之一。

时代的话　有很多文学家都是生前不被认可,死后才得到认可的,比如日本的宫泽贤治和梶井基次郎。宫泽贤治37岁去世,梶井基次郎31岁去世,卡夫卡41岁去世,他们都很年轻,都是尚未被世人认可就去世了。不过话说回来,如果不是这样的话,也不能称之为"超前的天才"了。

我是格里高尔·萨姆沙。

我突然出现在了一个纯白的、什么都没有的空间里。这大概是梦境吧。虽然有点儿不可思议，但我知道自己在做梦。所以，没什么可担心的。

我在梦境里漫无目的地走着，然后遇到了一个男人。

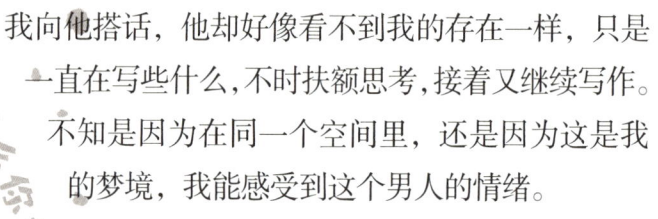

我向他搭话，他却好像看不到我的存在一样，只是一直在写些什么，不时扶额思考，接着又继续写作。

不知是因为在同一个空间里，还是因为这是我的梦境，我能感受到这个男人的情绪。

绝望！这个男人正被一种叫绝望的情绪支配。那是像跌入燃烧的无底深渊一样的绝望。

我问那个男人："为什么你会如此绝望？"

他没有回答。突然，他写在纸上的文字映入了我的眼帘。

绝望超前

**绝望的信①
致未婚妻**

我无法走向未来。我只会向着未来的方向踌躇。我最擅长的,是保持被打败的样子。

卡夫卡

这是他写给未婚妻的信。意思是"我的未来肯定是失败的,你不要对我有所期待了"。

这都是什么啊!未婚妻就是今后一起走向未来的人,会有人跟对方说这样的话吗?

嗯?接下来还有写给未婚妻父亲的信?

**绝望的信②
致未婚妻的父亲**

我没有靠文学谋生的能力。做现在的这份工作,我会成为废人。而且很快便会成为废人。

卡夫卡

为什么要给即将嫁出珍视的女儿的父亲写这样的信啊?这只会让未婚妻的父亲不安啊!

也许对于他来说,自己成为废人是"无法逃避的确定的未来"吧。他是一个诚实的人,所以他一定要把这件事告诉对方。

另外还有很多这样的信,不知道是寄给谁的。

绝望的信③ 致某人

人生总会有摔断腿或骨折的经历。这是人生最美好的体验。

卡夫卡

摔断腿或骨折是美好的体验？我完全不懂他在说些什么。看到这样的信，会发笑是正常的吧。不过，难得离他这么近，让我来看一下他的内心吧。

看到之前的这些信，我明白了他的内心正在被绝望啃噬。因此，他无法想象美好的未来，一直被不安的情绪包围。

这种不安是很麻烦的东西——无法用肉眼看到，自然无法驱赶，也无法看到尽头。如果用颜色来形容的话，也许是混沌的灰色吧。

然而，他所提到的骨折，是肉眼可见的绝望，是当下立刻可以感受到的痛楚和无法正常走路的不便感。痛、无法正常地生活，这非常令人绝望，但这是因为骨折这一清晰的原因而产生的。如果用颜色来形容的话，应该是清晰的蓝色吧。

如果平时一直困于无法用肉眼看到的绝望之中，那么也许就会认为，这种肉眼可见的绝望是美好的体验吧。

他依然没有发现我的存在，继续写着。也许是看得久了，我渐渐开始明白了。

时代的话：如果他活得再久些的话，也许会因为绝望而放弃写小说吧。这样想的话，虽然很失礼，但他41岁就去世也许是件好事……

绝望超前

他的名字叫弗兰兹·卡夫卡,是一个出版了几本短篇小说集的不太有名的作家。初版,也就是这些小说第一次面世时,只印刷了800本。如果卖得好的话,书会"重印",也就是再多印刷一些。但他的书基本都没有重印过。

然而,他非常想创作小说,一直非常用心地修改写出的稿子。我读了他的作品。这些作品很能打动人心,但它们都太压抑了。

也许这种压抑就是他作品的魅力吧。在这个世界上,人们总会对陷入消沉的人轻描淡写地说:"积极地生活吧。"正因如此,有很多人的个性都被"消灭"了。有时,个性是在心情低落的状态下才最能发挥出的东西。

我因为被卡夫卡的绝望情绪影响而有些心情低落,所以读他的小说时,有种得到了救赎的感觉。

也许心情这种东西,被打动的话就会好转,没有被打动的话就会低落吧。因此,如果在感到绝望时阅读绝望的故事,可能会被打动而心情好转。卡夫卡是一名可以打动人心的作家啊。

他的小说一定会受欢迎的。但如果他不像这样一直努力地发表小说,就不会等来受欢迎的那一天吧。

卡夫卡的编辑曾这样对他说：

"比起出版，把稿子收回去，我会更感谢你。"

这句话的意思是："让这本书面世，是个耻辱。那么，不如就不要出版了。不出版才更好。"

他太过绝望了。他不断地写，但越写，就越觉得"我的小说完全没意思"，因此迟迟无法完成。

好不容易写出的小说就算得到了一些人的认可，他自己也会认为"完全没意思"。

那么，就这样绝望着吧。

绝望是他创作的原动力。只要作品不绝望就可以，让后世去评价写出的作品就好。

我被他写的小说打动了。

他的小说出版后，一定能打动更多像我这样的人。

如果卡夫卡能听到我的声音，我会对他说：

绝望超前

绝望得
太超前啦——

我对着卡夫卡大喊，于是，他的动作停止了。

他慢慢抬起头，对上了我的视线。

他终于看到我了吗？

但他只看了我一会儿，就又拿出了新的稿纸，开始写新的小说。

"当格里高尔·萨姆沙从烦躁不安的梦中醒来时，发现他在床上变成了一个巨大的跳蚤。"

原来如此。我理解了。这里并不是我的梦，而是卡夫卡脑海中的世界。

我的心中袭来一股强烈的不安，就好像我马上要变成什么丑陋的东西，甚至要被家人讨厌了一样。就是这样的不安……

就这样，我从不安的梦中醒了过来。

时代的话

卡夫卡是因病去世的。生病前的卡夫卡非常注意饮食，也很喜欢运动，是一个热爱健康的人。这样的人一旦生病会怎样呢？一定会非常绝望吧。然而，和骨折时一样，他说这是"美妙的体验"。因为生病，他得以从不安得无法入睡的生活中解脱，也辞去了讨厌的工作。对卡夫卡来说，生病也是"看得见的绝望"，是令人开心的事情吧。

绝望超前

时代的话

提到卡夫卡,就不能不提他的朋友马克斯·布罗德。

布罗德也是一名作家,但与卡夫卡不同,他是一名有名的作家。他一生出版了83本书,靠写作就能维持生计。

卡夫卡死前把自己创作的小说托付给了布罗德。那时,卡夫卡是这样叮嘱他的:

"如果我死了,就把这些稿子都烧掉。"

但布罗德没有听卡夫卡的话。他把这些稿子出版成了书。他一定是了解卡夫卡的才能的,认为卡夫卡不应该这样一直寂寂无名下去。

于是,因为布罗德帮忙出版的三部作品——《城堡》《审判》《美国》,卡夫卡成了"20世纪最伟大的作家"之一,在历史上留下了自己的名字。

然而,虽然布罗德的名字在如今的音乐评论书中偶尔能见到,但他的文学作品却被历史埋没,完全看不到了。

能被时代,也就是被我留下的作品,一定是非常优秀的。像现在你们正在读的,这种整理了名人故事的作品可能不会在历史中留名吧。啊,卡夫卡的绝望好像传染给我了。那么,再见。

天才之书

做了很多超前的事情

【人物】平贺源内（1728—1780年）
【出生地】日本
【他是做什么的？】学者、俳句诗人、净琉璃作者、展会主办人、矿山挖掘者、科学家、发明家……

常识　要把一件事做到极致！

非常识　多做点儿有什么不好？

我是平贺源内，请多关照哟！

哈哈，其实，真正的我是这样的大叔啦。

嗯？你觉得我很奇怪？哎呀，无所谓啦！

反正，我就是平贺源内！请多关照啦！

人物　平贺源内

做了很多超前的事情

虽然有点儿突然,你能不能听听我的烦恼?

我啊,一点儿钱也没有……

啊,现在你想象中的我一定是这样的吧。

但我不是这种意义上的没钱。

嗯……我啊,是个学者。你问我是什么学者?我研究的是一个叫"本草学"的学科。

所谓本草学,简单来说,就是研究花草和石头这些自然界中的东西。以前石头也是可以做药的哟。

所以说,如果本草学研究得好,就能找到药。如果找到更多的药,大家就会更开心!就是这种感觉啦,本草学家可是非常有用的职业呢。

你知道做药是一项很复杂的工作吧?不过,我可是个天才呢,别看我这样,我可是从小学习就很好哟!

啊,言归正传,刚刚说到我为什么没有钱。在日本,还没有任何花草和矿物的图鉴。

嗯?你说有很多?

看来你还没弄清楚情况啊。这是江户时代,是距今大约300年前的日本,这时还完全没有任何图鉴。

没办法，那就只能我来做一本了。不过，想要做一本图鉴，就得去全国各地收集花草和矿物，再进行研究。总之，既费钱又费时间。

像这样的工作，大多是由当时的"藩"出钱来做。因为，要是有哪个藩说："我们藩做了日本第一本图鉴！"那其他藩肯定会觉得很不甘心，对吧？

所以，我当时是很希望由藩出钱来做的。但我当时不是离开了高松藩，背井离乡来到了江户吗，所以就不得不自己出钱了。

我先是办了物产展。物产展就是把珍稀的花草和矿物集合在一起进行展出的活动，啊，就相当于现在常说的博览会。

就像这样。

不过实际的会场更简陋一些。

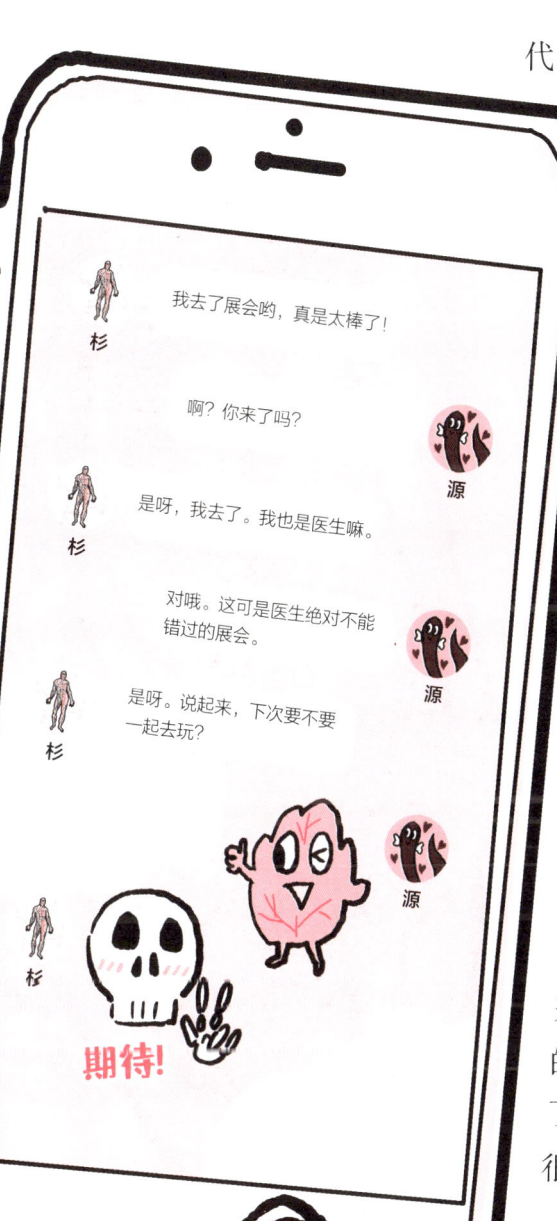

做了很多超前的事情

但是啊，在那个时代，并没有像现在这样的卡车和电车。所以想要把东西运到比较远的地方，是非常困难的。不过，全国的本草学家一听说"源内要办展"，就都把展品送了过来。当时可是取得了很大的成功哟！

我本来就很有名，这样一来，我的名气更大了。那时的老中田沼意次——用现在的说法相当于首相吧，总之他记住了我的名字。我还和后来翻译了《解体新书》的著名医生杉田玄白成了朋友，这次真是干得很漂亮啊。

聊天记录：

杉：我去了展会哟，真是太棒了！

源：啊？你来了吗？

杉：是呀，我去了。我也是医生嘛。

源：对哦。这可是医生绝对不能错过的展会。

杉：是呀。说起来，下次要不要一起去玩？

源：期待！

不过，虽然展会很成功，但完全没有攒够做本草学图鉴的钱。

所以我又做了很多努力。我写了还挺畅销的小说，还做了画有华丽图案的"源内烧"推广。对了，第一个在日本做出温度计和计步器的人也是我。还有现在日本人都知道的"土用丑日"（日本的一种习俗节日，一年有四次——译者注）要吃鳗鱼，也是我最先提出来的哟。还有卖牙膏用的牙齿模型和日本正月里卖的破魔箭，都是我想出来的东西。

做了很多超前的事情

我还制作了一种梳子。并不是梳头发用的梳子，而是装饰在头发上的梳子。这可获得了超多好评！源内梳成了江户女子人人都梦想拥有的东西。

另外还有这个，医用摩擦起电机。它原本是荷兰的东西，运来的时候已经坏掉了，我费了好大力气，花了6年才把它修好。

果然还是源内梳最棒了 #源内梳 #发饰 #时尚必备 #江户风
评论350条 显示全部

医用摩擦起电机是一种发电的机器。发电哦，发电！很厉害吧！但那个时候日本还没有电器，所以我虽然把它修好了，但并不知道它是什么，只是觉得"啊，我好像弄出了个很厉害的东西"。

嗯，到目前为止，我的故事都是既光辉又厉害的啊。但接下来，我的故事要变得沉重起来了。

时代的话

那次博览会最令我难忘的，是商品的收集方法。源内首先在各地成立了货站，这样，住在远处的人就可以把自己的商品送到离得最近的货站，然后再由货站一次性将商品送往博览会，非常方便。这一做法和现在的邮局和物流公司非常相似。源内的过人之处，就是在这种日常的事情中也能做到创新。

159

首先，是来自人们的评判。从源内梳的热卖开始，就不断有人说我"明明是个学者，却就知道敛财"。可是，我赚钱是为了做图鉴，并不是财迷心窍啊！

而且，认为学者只应该专心做研究的想法，也很奇怪吧？只要自己想做就去做，又有什么不对呢！为什么擅自给人设定条条框框呢！

还有，我费了很大力气修好的医用摩擦起电机，因为能冒出火花和发出"啪啪"的声音，所以被用来展览了。日本第一台能发电的机器，就这样只用来展览！如果有其他能懂这台机器的人就好了。要是在现代，肯定有人能理解我吧。

唉，我总是这样走在时代之前啊。

时代的话

源内留下了一句话："无功有名枉度年"。意思是"虽然出了名，但没有做任何能帮助他人的事，这一年就是白过了"。尝试了各种各样的事情，取得过不少成功，也经历过数次失败的源内，在留下这句话的两年后去世了。

做了很多超前的事情

太超前啦——

★☆☆☆☆ 无聊

1776年3月5日 已评价

"今天去了常去的鳗鱼店，看到了一句新的宣传语。土用丑日应该吃鳗鱼？那我就尝尝看吧。可惜，今天的鳗鱼和平时没有任何区别。既然这么宣传了，为什么不把鳗鱼的质量再提高一点呢？不过就是为了卖更多的鳗鱼呗，源内真是想不出什么新东西了。"

107名客人觉得很有用

"那家伙就想着钱！"
回复305条 赞49124 踩10086

"他怎么就意识不到自己的'创新'根本不行呢，真无语！"
回复201条 赞34981 踩8705

"他做了那么多事，究竟想干什么啊？"
回复112条 赞34098 踩28704

52岁时，我离开了这个世界。帮我主持葬礼的，是我的好友杉田玄白。他当时说了这样一句话：

"嗟非常人，好非常事，行事非常，何死非常。"

我来翻译成更易懂的说法吧：

"这是个非常识的人，喜欢非常识的事情，做的事情也是非常识的，就连死也是非常识的。"

嗯，玄白说的没错，我就是个非常识的人啊。

嗯？你问我为什么死了还能说话？

因为我是个非常识的人啊，所以一切皆有可能！而且我本来是个大叔，但现在你看到的我是个女中学生吧？所以，不要在意细节啦。

不提那些了，我做的事你都记住了没有啊？温度计、破魔箭，还有土用丑日什么的，你翻到第158页再看一下啊。

懂了吗？你注意到了吗？

我做的事情，在你的时代来说，都是很平常的事情啊！也就是说，它们都成了常识！

虽然我的本业是编写图鉴，本来想做10册，最终却只做完了6册，但是，那也是当时日本前所未有的东西。

真是很不甘心啊！在未来明明是常识，但在我活着的时候却被说成是非常识的东西。不过，任何东西在刚出现的时候，都是非常识的。

嘿，正在读这本书的人，在你的年代，一定也有很多被

做了很多超前的事情

认为是非常识的人，正在创造新的常识。

嗯？你也想试试成为创造新常识的人？真不错啊！也就是说，你想成为我这样的人啰？

想要创造新的常识，有两件事是必要的：

第一件事，是对任何事情都抱有兴趣，也就是好奇心。如果有好奇心的话，就会主动去学习。因为感兴趣而学到的东西，一定会对人生有所帮助，这就是所谓的智慧。学校里学的东西会变成我们脑子里的知识，但这些因为兴趣而学的东西，会变成智慧。

第二件事，就是要敢于怀疑常识。如果别人说"这是常识啊"或者"这是理所当然的"，那么希望你可以停下来想一想，问一问："真的是这样吗？"去问大人也可以，问一问："为什么一定要这样做呢？"

怀着好奇心学习，敢于怀疑常识。一直坚持这两件事的话，就会慢慢创造出"有朝一日会成为常识的非常识"。

在你的时代，世界变得更加宽广，时代的变化也非常激烈。你一定不会像我这样，经历令人遗憾的人生。所以，安心做个非常识的人吧。

啊，要记住不要模仿我最后做的事情啊。

再——见——

时代的话

平贺源内人生的终结方式非常夸张。他喝醉了，和人吵了起来，然后失手杀了对方。后来，他被捕入狱，在狱中患病死去。的确，可千万不能模仿他这一点啊。

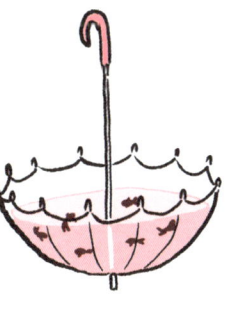

天才之书

未来的天才

【人物】你（20XX—2XXX 年）
【出生地】宇宙 【你是做什么的？】做某事的

常识 现在

非常识 未来

人物 你

　　是我啊，在前面登场了很多次的时代。我来这里，是来介绍本书中最后的天才的。不过在那之前，我想先说明一下。

　　这本书写到这里，已经介绍了很多超前的天才。他们的人生大多都很艰辛。

未来的天才

导致他们生活艰辛的原因有很多,但最大的原因,还是时代。也就是说,他们和我合不来。

也许听起来有些像是在找借口,但关于这一点,我没有任何责任。

我无法决定自己的面貌。虽然我的面貌会不断变化,但那都不是出于我的本意,而是生活在当时的人们所决定的。是生活在不同时代中的人,造就了不同的常识。

我并不认为天才的人生是不好的。至少,他们都闪耀着不同的光芒啊。

我不知道天才们是怎么看待自己的人生的。但是,在随人们常识变化的我看来,他们的人生都是非常精彩的。

哎,说得有点儿啰嗦,接下来,就让我介绍本书最后的天才吧。

那就是你!

没错,就是正在阅读这本书的你。

也许你会不信,但你就是天才。至少你已经做好了成为天才的准备工作,接下来,就是找到自己热衷的事情了。

啊,差点儿忘了说。在找到热衷的事情之前,好好学习吧,快乐地学习!

说到学习,你肯定首先想到的是在学校学习吧。但在学校的学习,只是学习的很小一部分。

还可以从他人的身上学习、从书本学习、从自然中学习……重视每天发生的各种各样的事情,用心感受各种各样的事物,晚上躺在床上时,好好回顾一下当天发生的每一件事。如果有感兴趣的事情,就尽量去探究。这样试一试吧。

如果能做到这一点,就可以说是打开了通往天才的大门。

另外,很多人会觉得,天才就是不用做什么努力,就能取得很高成就的人。

但事实完全不是这样。天才是付出了更多努力的人。只是,天才总是会陶醉在自己感兴趣的事情里,这在他人看来就好像是单纯地在玩耍一样。

嗯,我听到你们的疑问了哟。什么?"我如果对足球感兴趣的话,能成为足球天才吗?"

嗯,是个好问题。

未来的天才

答案是"能"。

当然,并不是谁都能成为专业选手。但足球的世界里,并不只有专业选手。领队、教练、球队工作人员,还有制造钉鞋和球的人、打理草坪的人以及写与足球相关的书的人。如果用宏观的眼光来看足球的话,就会看到很多相关的工作。

若是热爱足球,那这些工作都可以用到与足球相关的经验。而且,这些都是值得人们做一辈子的有价值的工作。

就算没有成为专业选手,如果热爱足球的话,这份热爱一定会为你带来新的梦想。然后,若是热衷于新的梦想,那么总有一天你会成为某种"足球天才"。

但是,我要和大家道歉。很遗憾的是,虽然我说了你会成为天才,但并不是说你会成为与这本书里介绍的天才们一样的天才。因为,我想要改变。不,是很多很多的人,想要看到一个全新的我。

至今为止,我都是很冷漠的。对于失败者、放弃了梦想的人、浪费时间的人,我从未伸出过援手,也从未想过去倾听他们的声音。

但这样的时代已经结束了。

现在，每个人都可以让世界听到他的声音。人们不再被学校束缚，每个人都可以创造只属于自己的空间。

也就是说，在这个时代，每个人都可以改变世界。

世界已经改变了。所以，我也需要改变。接下来，在未来即将成为天才的你，用新的常识，来自由地改变我的样子吧。

我会不断改变。所以，你不会再成为无法融入时代的超前的天才了，而只会成为普通的天才。但是，我非常期待和你一起，走上通往未来的路。

你一定会把我改变成比现在更加美好的样子。我会耐心等待那一天的到来。

不超前啦——